Liebe Ins

Ich bin dem raser sear mummbar,
dass Ihr mich so liebevoll
in meinem Heim belebrt.
Der Geist immer gegen-
wärtig ist.
Ich bin durch Euch sehr
gesegnet.
Ich wünsche Euch und
Euren Kindern, gesegnete
Weihnacht.
Der Herr segne und
begleite Euch durch das
Jahr 2010
In Liebe und Dankbarkeit
Eure Gretel

Dezember 2009

Die holländische Jugendbuchschriftstellerin *An Rutgers* wurde am 15. März 1910 in Amsterdam geboren. Noch während ihrer Studienzeit heiratete sie ihren Jugendfreund, einen Physiker, und hatte vier Kinder. Ihre schriftstellerische Tätigkeit begann mit Übersetzungen aus skandinavischen Sprachen. Ihr erstes Buch erschien 1947 und machte sie schnell bekannt.

Sie schrieb die großen Jugendromane wie das vorliegende Buch ›Die Kinderkarawane‹, ›Wenn du Mut hast‹, ›Pioniere und ihre Enkel‹ und später auch ›Ich bin Fedde‹. Die beiden letztgenannten Titel wurden mit dem Deutschen Jugendliteraturpreis ausgezeichnet. Viele Bücher von An Rutgers standen in der Auswahlliste zum Deutschen Jugendliteraturpreis.

An Rutgers zählt zu den bedeutendsten Jugendbuchschriftstellern, sie wurde für ihr Gesamtwerk mit dem Holländischen Staatspreis für Kinder- und Jugendliteratur ausgezeichnet. Sie starb im August 1990.

An Rutgers van der Loeff-Basenau

Die Kinderkarawane

Roman

Aus dem Holländischen von Irma Silzer

Deutscher Taschenbuch Verlag

Zu diesem Band gibt es ein Unterrichtsmodell,
enthalten in LESEN IN DER SCHULE
(Historische Jugendromane), unter der
Bestellnummer 8123 durch den Buchhandel
oder den Verlag zu beziehen und zum kostenlosen
Download unter www.dtv.de/lehrer.

Ungekürzte Ausgabe
In neuer Rechtschreibung
32. Auflage Juli 2009
1975 Deutscher Taschenbuch Verlag GmbH & Co. KG, München
www.dtvjunior.de
© Verlag Friedrich Oetinger, Hamburg
Titel der Originalausgabe: ›De Kinderkaravan‹
Umschlagkonzept: Balk & Brumshagen
Umschlagbild: Dieter Wiesmüller
Gesetzt aus der Garamond Monotype 11/12,5
(Diacos, Misomex 5040)
Gesamtherstellung: Ebner & Spiegel, Ulm
Printed in Germany · ISBN 978-3-423-07181-9

Einleitung

Ein Freund schickte mir einmal eine Schweizer Zeitung, in der er einen kleinen Artikel mit dicken roten Strichen eingerahmt hatte. Darin stand etwas sehr Erstaunliches, aus einer amerikanischen Zeitung übernommen. Und zwar war es ein kurzer Bericht über die Wanderung der sieben Kinder Sager durch den Nordwesten Amerikas, die im Jahre 1844 tatsächlich stattgefunden hatte. Um diese Zeit war der Westen noch eine einsame Wildnis, voll von Gefahren.

Dieser Bericht hatte mich so sehr ergriffen, dass ich ihm nachzuforschen begann. Bücher über die Geschichte amerikanischer Pioniere, alte Tagebücher von Entdeckungsreisenden, die um jene Zeit den fernen Westen durchwandert hatten, warfen ab und zu einen Lichtstrahl auf das unfassbare Kinderabenteuer. Auch ein alter Brief ist erhalten geblieben; er stammt von dem Verwalter eines kleinen Pelzjägerforts. Ferner fand ich einen Bericht des bekannten amerikanischen Missionars Doktor Marcus Whitman, der damals unter den Indianern im Columbiatal gewirkt hat.

Auf diese dürftigen geschichtlichen Tatsachen, die ich solcherart zusammenbrachte, stützt sich die folgende Erzählung.

Es ist schon mehr als hundert Jahre her. Nordamerika war damals erst zum kleinsten Teil erschlossen und bebaut. Nur Entdeckungsreisende und Pelzjäger streiften durch die unermesslichen Wälder und die wogenden Prärien, überquerten die wilden Gebirge. Es müssen unerschrockene Männer gewesen sein, die es wagten den von Tieren und Indianern gebahnten Wegen zu folgen. Doch was sie entdeckten, entschädigte sie für das harte Leben in der Wildnis. Sie stießen nicht nur auf riesige Büffelherden in den endlosen Ebenen, auf Biberburgen in den schäumenden Flüssen, auf Wild in den dunklen Wäldern der Berghänge und auf zahllose Indianerstämme, die das ausgedehnte Land spärlich bevölkerten; sie fanden überdies märchenhaft schöne Täler und fruchtbare Ebenen. Das Land, das sie entdeckten, war zugleich großartig und lieblich, voll von verborgenen Herrlichkeiten und Schätzen; es war ein Land, das einst in der Zukunft zahlreichen kraftvollen Nachfahren einer sich stetig entwickelnden amerikanischen Nation reiche Möglichkeiten bieten sollte.

Nach den Entdeckern kamen die Pioniere, Männer mit Frauen und Kindern, die ein neues Leben in einem neuen Land beginnen wollten. Das war in jener Zeit, als die Amerikaner vom Osten in den unerschlossenen Westen ausschwärmten um in Missouri Millionen und Millionen Hektar neues Land in Besitz zu nehmen. Als John Sager acht Jahre alt war, wurde auch sein Vater vom Wanderfieber ergriffen. Die Familie lud ihr Hab und Gut auf einen Planwagen, spannte vier Ochsen davor und zog nach Westen.

Die lange Wanderung über die Berge, durch die Ebenen und die tiefen Wälder von halb Amerika war ein gewaltiges Erlebnis für den kleinen John. Den ganzen Tag war er im Freien, ritt auf einem der beiden Pferde seines Vaters oder ging neben dem vordersten Ochsengespann. Manchmal trieb er das Vieh vor sich her und wenn er müde war, ruhte er sich aus unter der weißen Plane des Wagens. Gegen Sonnenuntergang ließ er seine Augen sehnsüchtig umherschweifen in der Hoffnung, früher als sein Vater einen guten Lagerplatz zu entdecken. Wenn dann der holpernde Wagen endlich unter einem Baum anhielt, ging er als Erster einen Bach oder eine Quelle auskundschaften oder Holz für ein Lagerfeuer sammeln. Während seine Mutter das Essen kochte, half er dem Vater; die Tiere mussten getränkt und vor dem Dunkelwerden festgebunden werden. Nachts schlief er am liebsten in seine Decke eingerollt im Freien auf dem Boden, während in der Finsternis rings um das brennende Feuer wilde Fuchsaugen glühten und die Bäume als schwarze Schatten vor dem bleichen Himmel standen. Im Wagen beruhigte die Mutter die Kleinen, die durch den Schrei einer Nachteule aufgeschreckt worden waren . . .

Nach einem durchwanderten Sommer kamen sie an den Mississippi. Dort ließen sie sich nieder. Nicht weit von dem Grenzstädtchen St. Louis steckte Vater Sager Land ab, rodete und pflügte es und baute ein Blockhaus. Nun hatten sie wieder eine Farm. John jagte und fischte und streifte umher mit einem alten Gewehr in der Hand. Er fing sich einen jungen Waschbären und zähmte ihn, er lernte die Gewohnheiten der Tiere kennen und ihre Laute nachahmen: Er konnte gurren wie eine Waldtaube, schreien wie eine Eule und kullern wie ein wilder Truthahn; er konnte heulen wie ein Wolf und heiser röhren wie ein Damhirsch. Er lernte die Indianer kennen, die, eine Decke umgeworfen, auf ihren Ponys herbeigeritten kamen um mit den weißen Siedlern Handel zu treiben. Auch manchen Überfall erlebte er und lernte dabei, wie man sich verteidigt. Angst hatte er nur selten . . .

Aber er sollte nicht groß werden in dieser Gegend. Als er gut dreizehn Jahre alt war, packte den Vater das Verlangen weiterzuziehen. Vater Heinrich Sager war ein richtiger Pionier. Er wollte neues Land erforschen und bebauen, er wollte gemeinsam mit anderen Pionieren Amerika groß machen. Aber das Leben der Pioniere war hart. Die Indianer wollten nicht müßig zusehen, wie ihnen ihre jahrhundertealten Jagdgründe durch die Weißen streitig gemacht wurden. Und in der Wildnis des fernen Westens war die Natur grausam, tückisch und gefährlich – aber märchenhaft schön. Was die Pelzjäger, Waldläufer und Kanufahrer von ihren Streifzügen in diesem wunderbaren Land erzählten, war fast nicht zu glauben – entweder waren diese Männer einer wie der andere Erzlügner oder aber sie hatten wirklich die schönsten und seltsamsten Gebiete auf Gottes Erde kennen gelernt. Auf Heinrich Sager jedenfalls wirkten ihre Erzählungen wie ein Magnet. Bisher hatte er sich nicht in diese fernen Gegenden gewagt, denn seine Familie war groß und die Wanderung gefährlich. Aber im vergangenen Sommer – im Jahre 1843 – hatte sich zum ersten Mal ein großer Auswandererzug nach Oregon im Nordwesten aufgemacht und die meisten Leute waren gut angekommen. Diesen Sommer sollte wieder ein Treck aufbrechen. Heinrich Sager konnte gerade sein Land und seinen Hof an Neusiedler aus dem Osten gut verkaufen. Seine Kinder sollten in dem wunderbaren neuen Land aufwachsen, auch sie sollten zu Amerikas Größe beitragen. Sein Traum würde sich erfüllen.

John war dreizehn Jahre und acht Monate alt, als sie loszogen . . .

Die Hauptpersonen der Erzählung

Heinrich Sager, *der Vater*
Naomi Sager, *die Mutter*
John, *dreizehn Jahre alt, fast vierzehn*
Luise, *zwölf Jahre*
Francis, *elf Jahre*
Katharina oder Käthe, *neun Jahre*
Mathilde, *fünf Jahre*
Elisabeth oder Lizzi, *drei Jahre*
Indepentia, *Säugling*
Anna, *die Kuh*
Walter, *der Ochse*
Oskar, *der Wolfshund*

1

Durch die grüne Hügellandschaft strömte der Lara-
mie-Fluss, wild und reißend, breit und schäumend,
aber in diesem trockenen Frühjahr nirgends tiefer als
einen Meter. Hier und dort ragten Felsspitzen heraus, über die das Wasser hinwegsprühte, und auch
die flachen Ufer waren felsig. Dort stand Weidengestrüpp und dazwischen sah man Gruppen von
Baumwollbäumen. Etwas höher im Tal, am Fuß des
ersten Hügels, lag das Fort Laramie – es war ein
rechteckiges, niedriges Gebäude, umgeben von
Steinmauern mit Palisaden aus Holzpfählen. Diese
Außenmauern bildeten die Rückseite aller Räume,
die sich auf einen Innenhof öffneten, einen viereki-
gen Innenhof mit einem Fußboden aus gestampfter
Erde. In der sengenden Mittagssonne sah er fast
weiß aus. An einer Seite war eine kleine Falltür und
direkt gegenüber stand der große viereckige Turm
mit den Schießscharten, hinter denen eine schwere
bronzene Kanone Wache hielt. An zwei gegenüber-
liegenden Ecken des Forts standen solide Blockhüt-
ten. Bei einem Überfall durch die Indianer konnte
man von hier aus alle vier Mauern beschießen. Es
war ein gutes Fort, der Verwalter und seine sechzehn
Mann fühlten sich darin geborgen. Übrigens beher-
bergte es häufig Soldaten, die auf Regierungsexpedi-

tionen in diese Gegend kamen. Das war auch jetzt wieder der Fall. Fort Laramie, einsam in der Wildnis gelegen, 667 Meilen weit vom letzten Vorposten der bewohnten Welt, war der wichtigste Handelsplatz auf dem Weg nach Oregon und Kalifornien.

An diesem glühend heißen Junimittag des Jahres 1844 zeigte sich kein Mann auf dem Innenplatz. Nur eine Indianerin saß in einer Ecke unter einem Vordach und nähte an einem Paar Mokassins, während ein kleines Halbblutmädchen neben ihr mit einer Handvoll Perlen spielte. Fast alle hatten sich ins Haus zurückgezogen um im Schutz der Lehmmauern bei erträglicher Temperatur einen Mittagsschlaf zu halten. Nur in der Kanzlei saßen zwei Schreiber der amerikanischen Pelzgesellschaft gähnend hinter ihren hohen Pulten. Die Gänsekiele fuhren kratzend über das Papier. Mit schönen runden Zahlen und Buchstaben trugen die Schreiber den Bestand der Lebensmittelvorräte des Forts in die Bücher ein. Binnen kurzem wurde eine große Auswandererkarawane erwartet. Da musste man wissen, was vorhanden war. Durch die offene Tür hörten sie Männerstimmen. Der jüngere Schreiber, der besser im Sattel als am Schreibpult zu Hause war, warf ab und zu einen sehnsüchtigen Blick hinaus, wo sich drei Männer unterhielten – nicht auf dem sonnendurchglühten Innenhof, sondern unter dem Torgewölbe des Turmes. Einer der Männer war Fitz Patrick, der bekannte Pfadfinder und Pelzjäger, der sich in dem gewaltigen Gebiet der Rocky Mountains und der Wildnis östlich und westlich davon auskannte wie kaum ein anderer.

Fitz Patrick erzählte gerade dem Verwalter Boudeau und dem Offizier der Regierungsbrigade, dass er auf dem Weg von den Rocky Mountains hierher kleine Gruppen von Sioux-Indianern auf dem Kriegspfad gesichtet und umgangen hatte, als ein kleiner Indianer auf einem Präriepony zum Tor hereinsprengte und etwas Unverständliches schrie. Von allen Seiten kamen die amerikanischen Soldaten in ihren blauroten Uniformen, die Trapper* in ihren ledernen Hosen und Wämsern sowie einzelne Indianerinnen und Kinder durch die offenen Türen auf den Innenplatz.

Bald stellte sich heraus, dass der fremde Reiter ein Dakota-Indianer war. Der Mann erzählte, sein ganzes Dorf sei im Anmarsch, weil hier sehr bald ein Auswandererzug eintreffen werde – das hätten ihnen ihre Kundschafter berichtet. Häuptling »Fünf Krähen« wollte die Auswanderer bitten, seinen Dorfleuten ein Fest zu geben.

»Hm«, murmelte Fitz Patrick, der ruhig im Schatten des Torgewölbes auf einer rauen Holzkiste sitzen blieb, »solche Feste habe ich schon öfters erlebt. Eine Gemeinheit ist das. Den armen, erschöpften Leuten ihr letztes Pfund Kaffee und den letzten Sack Mehl abluchsen, das wollen sie. Und wehe, wenn diese Indianer nicht erreichen, was sie wollen, dann ist der Teufel los! Ein Bauer, der in die Wildnis zieht, ist wahrhaftig ein Narr.« Er klopfte die Pfeife aus, holte seinen Tabaksbeutel hervor und stopfte sich eine frische Pfeife, während er ab und zu einen ärgerlichen Blick auf das Gewühl im Innenhof warf. Rings um das Fort lag noch alles still und verlassen.

* Trapper: Pelzjäger

15

»Ein Farmer, der mit Vieh und Pflug und einem Wagen voll schreiender Kinder in die Wildnis zieht«, begann er wieder, »so ein Farmer ist das verrückteste Geschöpf, das auf zwei Beinen herumläuft. Diese dummen Greenhorns* gehen in jede Falle. Wenn es im Umkreis von einer Meile auch nur eine einzige Klapperschlange gibt, kann man sich darauf verlassen, dass einer von ihnen gebissen wird. Nachts lassen sie ihre Sättel und ihr Zaumzeug über einer Deichsel hängen und am nächsten Morgen finden sie nur noch ein paar Lederfetzen, die ihnen die Wölfe übrig gelassen haben. Ihr Vieh können sie nicht beisammen halten, nachts schlafen ihre Wachen ein und dann haben die indianischen Pferdediebe leichtes Spiel. Grüne Dummköpfe sind es, die von Tuten und Blasen keine Ahnung haben. Sie beladen ihre Wagen viel zu schwer und auf dem felsigen Boden brechen ihnen die Achsen wie Zündhölzer. In Regengüssen ertrinken sie, in Sandstürmen verirren sie sich und wenn es irgendwo ein Fleckchen Treibsand gibt, kann man sicher sein, dass sie darin stecken bleiben. Bei Nachtfrost klappern sie mit den Zähnen und tagsüber brennt ihnen die Sonne die Haut von den roten Nasen. Nicht einmal einen blinden Büffel können sie schießen, und wenn er direkt vor ihrer Nase steht, denn ihre Kleinkaliberwaffen reichen gerade für Präriehühner aus. Sie trinken Wasser aus Büffelsümpfen und wundern sich, wenn sie davon Fieber kriegen und wenn sie etwas anderes essen müssen als Kaffee, Kuchen und fetten Speck, glauben sie, die Welt

* Greenhorns, wörtlich Grünhörner: Grüne, Anfänger

geht unter. Es ist ein wahres Wunder, wenn sie lebendig über die Berge kommen . . .«

»Mann!«, schrie Boudeau, der plötzlich mit erhobenen Armen neben ihm stand. »Da sind sie schon!«

Aber es waren nicht die weißen Auswanderer, sondern die Indianer. Innerhalb weniger Minuten wimmelte es auf den Hügeln jenseits des Flusses von ungeordneten Indianertrupps zu Pferde und zu Fuß. Die vordersten hatten schon das Ufer erreicht und stürzten sich in das schäumende Wasser. Im Nu war der Fluss voll von Hunden, Pferden und Indianern.

Die Pferde trugen hoch mit Hausrat beladene grobe Packsättel, an denen zu beiden Seiten zwei oder drei lange Stangen befestigt waren, die zum Aufschlagen der Zelte dienten. Zwischen den Stangen, deren Enden über den Boden schleiften, hingen Körbe, in denen allerlei Waren verstaut waren, oft auch eine Hundemutter mit ihren Jungen oder ein paar kleine braune Kinder, manchmal ein uralter Mann. Viele dieser Körbe tanzten jetzt auf den Wellen. Dazwischen schwammen Hunde und manche zogen auch einen kleinen Korb.

Die erwachsenen Männer, die »Krieger«, bahnten sich zu Pferde ihren Weg durch die Menge, manchmal mit einem kleinen Knaben hinter sich auf dem Sattel. Die Frauen saßen oben auf den Packsätteln oder sie wateten durchs Wasser. Die Verwirrung war grenzenlos. Die jungen Hunde jaulten und winselten, die kleinen schwarzäugigen Kinder kreischten, sobald das Wasser das Korbgeflecht durchdrang, sie klammerten sich am Korbrand fest und sahen entsetzt auf das Wasser, das an ihnen vorbeiströmte und ihnen ins Gesicht spritzte. Ab und zu hörte man die zu schwer beladenen Hunde erbärmlich heulen, wenn sie von der Strömung mitgerissen wurden. Alte Frauen wateten schreiend hinterher um ihre Lieblinge zu retten. Schließlich erkletterten alle das jenseitige Ufer, Pferde und Fohlen rannten durch die Menge und die Frauen, die auf sie aufpassen sollten, schrien hinter ihnen her.

Doch der Lärm dauerte nicht lange. Das ganze Getöse hörte plötzlich auf, als alle Familien mit Pferden, Hunden, Kindern und Gepäck die Ebene hinter dem Fort erreicht hatten und ihre Zelte aufzuschlagen begannen. In weniger als einer Stunde standen dort sechzig Zelte. Mehrere hundert Pferde grasten ringsum auf der Prärie und überall liefen Hunde umher. Die Männer gingen auf das Fort zu.

Die Bewohner des Forts hatten sich noch nicht von dem Trubel erholt, da schrie Boudeau seiner indianischen Frau zu, sie solle ihm den Feldstecher bringen. Zwei Minuten stand er auf der Mauer, das Glas vor den Augen. Dann deutete er nach Osten und rief: »Du meine Güte, da kommt der Treck!«

Es dauerte noch eine Weile, bis sie mit bloßem Auge zu sehen waren: vier lange Kolonnen von Ochsenwagen mit weißen Planen, viele Männer zu Pferde und riesige Viehherden – eine schwerfällige Karawane, die sich mühsam vorwärts bewegte vor dem dunstig-blauen Hintergrund der Hügel. »Da haben wir sie, die Buschbauern in der Prärie, die Schoßhündchen in der Höhle des Löwen, die Greenhorns in der Wildnis des Westens!«, hörte Boudeau Fitz Patrick neben sich knurren.

Eine Stunde später erreichten die ersten Wagen den Fluss. Ohne einen Augenblick zu rasten oder zu

zaudern, rollten sie schwerfällig hinein. Den Zugochsen reichte das Wasser bis zum Nacken. Langsam durchwateten sie den reißenden Fluss und erkletterten mühsam das andere Ufer. Die Fuhrleute
schrien, die Peitschen knallten, die Wagen polterten
schwankend über den felsigen Uferrand. Die Karawane bewegte sich geradewegs auf das Fort und das
Indianerdorf zu. Ungefähr eine Viertelmeile davon
entfernt bildeten die Wagen einen Kreis und hielten
an.

Eine Weile blieb es ruhig. Die Auswanderer schlugen ihr Lager auf. Doch kaum waren sie damit fertig,
da rannten sie alle auf das Fort zu. Die Menschen-
menge mit braungebrannten Gesichtern unter breitrandigen Hüten stand jetzt vor dem Tor. Die Augen
weit aufgerissen, stießen sie Schreie der Überraschung aus. Viele Frauen hatten Tränen in den
Augen. Fast siebenhundert Meilen waren sie jetzt
durch die Wildnis gezogen und die ganze Zeit hatten
sie weder Tisch noch Stuhl gesehen. Nach der langen, ermattenden Wanderung durch die völlig unbekannte Prärie, nach all den Entbehrungen und den
vielen Zusammenstößen mit indianischen Viehräu-
bern war dies die erste Wiederbegegnung mit der Zi-
vilisation der Weißen. Und es sollte auch die Letzte
sein . . .

Große, breitschultrige Männer mit schweren, bäu-
rischen Bewegungen, in Kleidung aus hausgespon-
nenem und hausgewebtem braunem Stoff; magere
Frauengesichter unter Sonnenhüten, mit dunklen
Ringen um die Augen, ausgemergelte Geschöpfe mit
hängenden Schultern, in Wolljacken und weiten,
schwarzen Röcken; Kinder, denen fast die Augen aus

dem Kopf fielen vor Staunen: Alle drängten sich hinein. Lebhaft schwatzend und gestikulierend, untersuchten sie jeden Winkel des Forts. In unverhohlener Neugier betrachteten sie die dicken indianischen Squaws, die so glänzend blauschwarze Haare hatten. Die Indianerinnen huschten schnell ins Haus und starrten durch die offenen Türen auf die Eindringlinge.

Boudeau schrie mit Donnerstimme einen Befehl. Die Männer zuckten die Achseln – gut, wenn es sein musste, würden sie ihre Frauen und Kinder zum Lagerplatz zurückschicken. Es war vielleicht auch besser, dass die Männer die Geschäfte allein erledigten, sich Rat holten und Entscheidungen trafen.

An diesem Abend saßen mehrere Männer beisammen auf dem Innenhof von Fort Laramie. Es war herrlich kühl, das offene Tor gab den Blick frei auf den rosigen Himmel im Sonnenuntergang über den Hügeln. Ihre Gesichter waren ausnahmslos ernst, beinah düster. Der Führer, der Verwalter und zwei Trapper klärten die Auswanderer darüber auf, was sie im weiteren Verlauf ihrer Reise zu erwarten hatten.

»Bald werdet ihr für euer Vieh kein Gras mehr finden und ihr werdet sehr wenig Büffel antreffen. Wovon wollt ihr leben? Und wie wollt ihr mit euern geschwächten Tieren die schweren Wagen über die Berge bringen?«

»Was Doktor Whitman voriges Jahr mit seinem Treck fertig gebracht hat, werden wir jetzt auch fertig bringen, sogar leichter als er, denn er hat uns schon den Weg gebahnt. Mit unseren Wagen folgen wir geradewegs den Spuren seiner Wagen. So werden wir ans Ziel gelangen und nach uns werden viele andere kommen. Unser Volk wird die Täler von Oregon besiedeln, unsere Kinder werden dort glücklich sein.« Es war Heinrich Sager, der so sprach, und er sprach mit solcher Überzeugungskraft, dass selbst das spöttische Lächeln um die Lippen des hartgesottenen Präriemannes und Bergjägers Fitz Patrick verschwand.

Aber die Mienen der Männer, in deren Namen Sager sprach, hellten sich nicht auf. Vierzig Tage waren vergangen, seit sie von ihrem Ausgangsort *Independence* aufgebrochen waren. Das beseligende Präriefieber, das fast jeden ergriff, der zum ersten Mal durch die endlos wogende, blühende und duftende grüne Weite fuhr, hatte bereits einer leisen Wehmut Platz gemacht. Sie waren über die ausgedehnten Büffelebenen gezogen, sie hatten ungeheure Mengen vertrockneten Mists, hier und dort weiß gebleichte Knochen und verkrusteten Morast angetroffen. Das kurze, harte, krause Gras hatte dem Vieh reiche Nahrung geliefert; aber mitunter waren sie auch durch Flugsand und dürre Steppen gekommen. Dann hatten die Büffelmistfeuer am Abend ihre mutlosen Gesichter gespenstisch beleuchtet, während rings um das Lager das Vieh kläglich brüllte. Indianer hatten ihnen Rinder und Pferde gestohlen und es waren sogar Menschenleben zu beklagen. Die Auswanderer waren ernüchtert durch all die Mühsal und Enttäuschung. Die Hufe vieler Tiere hatten durch die schweren Märsche derart gelitten, dass sie nur noch mühsam weiterkonnten. Wie sollte das in Zukunft werden? Sie hatten ja noch nicht einmal die Hälfte der Strecke zurückgelegt und das schwerste Stück lag noch vor ihnen.

»Lasst einen Teil eures Viehs hier zurück, ihr könnt von uns im Tausch dagegen Packpferde und Maulesel bekommen. Auch etwas Kaffee und Zucker wollen wir euch abgeben«, sagte Boudeau.

Kaffee und Zucker – Kaffee und Zucker! Wenn ihnen einer vor drei Monaten prophezeit hätte, sie würden ihre kostbaren Rinder einmal gegen Kaffee und Zucker eintauschen, dem hätten sie schöne Grobheiten gesagt. Aber jetzt – Kaffee und Zucker, diese Worte besaßen eine seltsame Zauberkraft. Dieses Fest, das ihnen die Dakotas aufzwangen, kam ihnen ganz und gar nicht gelegen; aber sie wagten nicht es den Leuten abzuschlagen.

»Mit eurer schwerfälligen Karawane seid ihr den Überfällen der Indianer zu sehr ausgesetzt«, meinte einer der Trapper. »Ihr Verhalten wird immer drohender, sie beginnen zu spüren, dass das Eindringen der Weißen nicht mehr aufzuhalten ist. Wenn die Regierung nicht bald eine entschlossene Haltung annimmt, werden wir hier eine Überraschung nach der anderen erleben.«

Fitz Patrick schüttelte seinen grauhaarigen Kopf und legte die braune, verwitterte Hand auf Heinrich Sagers Arm. Er beugte sich vor, die langen Fransen seines hirschledernen Trapperwamses baumelten über dem Tisch.

»Ihr versteht nicht mit den Indianern umzugehen«, sagte er. »Durch eure Angst ermutigt ihr sie nur und bringt euch in ernste Gefahr. Zeigt ihnen die Zähne, seid wachsam und unerschrocken, benehmt euch in ihrer Gegenwart selbstbewusst, dann werdet ihr an ihnen ganz erträgliche Nachbarn haben. Eure Sicherheit hängt ganz von dem Respekt ab, den ihr selber den Leuten einzuflößen versteht. Ich habe gesprochen.«

Die anderen schwiegen. Der Rat war klug, aber nicht leicht zu befolgen. Diese auswandernden Bauern waren völlig aus dem Gleichgewicht geraten. Wohl handelte es sich meist um beherzte, tatkräftige Männer, aber sie gehörten auf eine Farm. In der unabsehbar weiten Prärie, auf den einsamen, hochgelegenen Büffelebenen und im Gebirge waren sie hilflos. Von echten Trappern unterschieden sie sich ebenso sehr wie ein Matrose auf See von einem französisch-kanadischen »Voyageur«, der mit seinem Kanu über die Stromschnellen der Bergflüsse hinwegtanzt. Sie waren tapfer, aber unwissend und unerfahren. Von diesem Land und seinen wilden Bewohnern wussten sie nichts. Sie hatten schon viel Missgeschick erlebt und würden bestimmt noch viel mehr davon erleben.

»Einige unserer Leute haben schlechtes Wasser getrunken«, gestand einer der Auswanderer, ein junger Mann mit rotem Vollbart. Er sah noch betrübter aus als die anderen. »Meine Frau ist an den Folgen gestorben.«

»Ruhr?«, fragte Fitz Patrick.

Der junge Mann nickte. Er schluckte, stand auf und lief durchs Portal auf den Wagenplatz zu.

»Er hat ein dreijähriges Töchterchen«, erklärte einer der anderen. Die Männer aus dem Fort tauschten einen Blick. Ruhr – Ansteckungsgefahr! Je schneller die Auswanderer weiterzogen, desto besser.

»An eurer Stelle würde ich mich so rasch wie möglich wieder aufmachen«, sagte der Verwalter. »Ihr habt noch eine lange Strecke vor euch und wollt doch gewiss vor Einbruch des Winters ans Ziel kommen. Bis Fort Hall ist der Weg nicht so schlecht. Aber wenn ihr meinem Rat folgt, so lasst ihr einen Teil eurer schweren Wagen zurück, kauft dafür ein paar Pferde und baut, wenn möglich, eine Anzahl eurer Wagen in zweirädrige Karren um, mit denen ihr schneller und leichter vom Fleck kommt.«

»Wir wollen es uns überlegen«, antwortete Heinrich Sager nachdenklich.

Am nächsten Abend sollte das Fest für die Indianer stattfinden. Obwohl die Frauen todmüde waren, backten sie Kuchen und Brot. Die Augen brannten ihnen vom Rauch der Feldfeuer. Die Männer überlegten hin und her, wie viel Tabak sie abgeben sollten. Nur die Kinder waren ausgelassen und freuten sich auf das Fest. Sie hatten so lange kein Fest erlebt und es duftete schon seit dem Morgen nach köstlichen Dingen.

Am Wagen der Familie Sager ging es lebhaft zu. Alle Kinder bekamen frische rote Flanellhemden. Die schmutzigen hatten Mutter und Luise schon gewaschen, sie flatterten an der Leine zwischen den Baumwollbäumen. John zog seinen Schlangenledergürtel fest an und fühlte nach dem Jagdmesser an seiner Hüfte. Man konnte nie wissen, wann man es nötig hatte. Der elfjährige Francis, dunkelhaarig und schmal, folgte auf Schritt und Tritt seinem Bruder John, der mit seinen breiten Schultern eher fünfzehn- als dreizehnjährig aussah. Luise hatte ihr langes, dunkelblondes Haar gewaschen und gekämmt und lief mit zwei klatschnassen Zöpfen herum. Sie suchte Lizzy, die auch gewaschen und gekämmt werden musste. Aber sobald die Kleine das Wasser nur gerochen hatte, war sie, wie gewöhnlich, davongelaufen, so weit ihre dicken, kurzen Beinchen sie tragen wollten. Luise bat Katharina ihr suchen zu helfen, aber die hatte keine Lust; angestrengt mühte sie sich ihre kurzen, kastanienroten Locken in Ordnung zu bringen, die mit keinem Kamm zu bändigen waren. Luise hatte die Aufsicht beim Wagen, denn Mutter musste eines der drei Feuer unterhalten, auf denen Kaffee gekocht wurde. John bot der Mutter an ihr diese Arbeit abzunehmen, obwohl ihm das Weibergeschwätz bei den Kaffeekesseln auf die Nerven ging; aber er hatte bemerkt, wie müde Mutter war. Seit einigen Tagen sah sie furchtbar blass aus, ihre Augen schienen noch größer und schwärzer als sonst und heute früh, als sie im Wagen das Speckfass angehoben hatte, war ihr so schwindelig geworden, dass sie beinahe umgefallen wäre. Aber Mutter schickte ihn weg. »Hilf lieber Luise mit den Kleinen«, sagte sie.

Aber hinter dieser kleinen Bande herzulaufen, das lockte ihn gar nicht. Sollte er vielleicht zusehen, wie Käthe sich mit ihren Haaren abmühte? Er ging zu ihr, versetzte ihr einen brüderlichen Rippenstoß und sagte: »Du bist schön genug!«

»Au, du Scheusal«, rief sie und stieß mit ihrem mageren braunen Bein nach dem Bruder.

Er blieb lachend stehen. Der Ausdruck seiner Augen war freundlich und männlich. Käthe schüttelte ihre Locken und fuhr fort sie zu ordnen.

Auf einmal ertönte Lärm. Die Indianer näherten sich. Plötzlich kam Lizzy brüllend angelaufen. Von ihrem feuerroten Gesicht sah man nichts als den aufgerissenen Mund und die Falten vom Weinen. Sie rannte mit ausgestreckten Ärmchen geradewegs in Johns schützende rote Flanellarme. Er hob die Kleine hoch und sogleich beruhigte sie sich.

Erwartungsvoll kamen die Indianer zu dem Lager: grauhaarige alte Männer, festlich bemalte Krieger – aber im Friedensschmuck –, Jünglinge, Frauen und Kinder, alle bunt und farbenprächtig. Sie setzten sich im Halbkreis nieder, der Häuptling in der Mitte, seine Krieger zu beiden Seiten. Dann kamen die Jünglinge und Knaben und die Squaws mit den Kleinen bildeten die Enden der beiden Flügel. Die Indianer bekamen Kaffee und Kuchen, doch ehe man sich's versah, hatten sie alles unter lautem Gejohle und heftigen Gebärden verschlungen.

Noch mehr Kuchen! Die Weißen betrachteten ihre wilden Gäste mit offenem Mund. In ausgelassener Fröhlichkeit zerschlugen die Indianer die Kaffeetassen – vielleicht die letzten ihrer Gastgeber. Ein Mann griff nach dem Gewehr, aber rasch legte ihm eine Frau die Hand auf den Arm.

»Hitzköpfe können wir hier nicht brauchen«, rief einer der ältesten Auswanderer gebieterisch. »Wir wollen nicht vom Regen in die Traufe kommen«.

Die Indianer ließen sich's wohl sein, sie tanzten, lachten und sangen. Die Weißen sahen ihnen zu. Dort, wo hinter der schwarzen Wolkenbank die Sonne unterging, war Westen, dort lag ihre Zukunft, dorthin wollten sie ziehen – allen Schwierigkeiten zum Trotz. Diese Begegnung mit den Dakotas, die sieben Tage gewandert waren um eine Tasse Kaffee und ein paar Stück Kuchen zu ergattern, war wenigstens friedlich verlaufen.

Drei Tage später brachen die Auswanderer auf. Sie waren ausgeruht. Sieben von den neunundsechzig Wagen hatten sie in zweirädrige Karren umgebaut. Ein Teil des Viehs blieb zurück. Boudeau hatte ihnen im Tausch dafür fünfunddreißig Packpferde und sechzehn Maulesel mit Packsätteln gegeben – anscheinend nicht von der besten Sorte; ferner etwas Kaffee und Zucker. Er rieb sich die Hände. Solches Prachtvieh war hier unbezahlbar, es befanden sich echte Durhams darunter. Fitz Patrick, der dem Treck nachsah, verzog missbilligend den Mund.

»Du bist mir zu schlau, Freundchen«, sagte er zu Boudeau. »Die Pferde halten in den Bergen nicht durch. Musst du's den armen Teufeln noch unnötig schwer machen? Donner und Blitz, da fängt's schon an!«

Gerade bevor das Ende der langen Karawane aus rumpelnden und schwankenden Ochsenwagen verschwand, brach offenbar an einem Wagen die Achse. Er kippte und neigte sich auf die Seite.

»Da sieht man's! Ihr Material taugt nichts. Aber auf diesem Gelände ist das stärkste noch nicht stark genug.« Wütend ging er zum Tor, warf noch einen Blick auf das Gewimmel bei dem verunglückten Wagen und von neuem packte ihn die Wut. Er hätte gern geholfen. Aber wie konnte man helfen?

2

Hinter Fort Laramie folgte die Karawane dem bogenförmigen Lauf des Nordplatteflusses, wenn auch in mehreren Meilen Abstand. Es war nicht einfach brauchbare Wege für die Wagen zu finden. Die Hügel waren steil und mit gewaltigen Steinen und Geröll bedeckt. Die Kundschafter, die vorausritten, hatten alle Mühe immer wieder einen Durchgang ausfindig zu machen. Trotz all dieser Mühsal kamen sie gut vorwärts. Die Landschaft war schön, der Himmel ungewöhnlich klar und die Luft in dieser Höhe trotz der heißen Sonnenstrahlen frisch und prickelnd. Sie stiegen und stiegen. Vor ihnen erhoben sich die großartigen Gipfel und Kämme der Rocky Mountains.

Meistens fanden sie einen geeigneten Lagerplatz für die Nacht, wo es gutes Wasser, Gras für die Tiere und Holz für die Feuer gab. Marschtage, an denen sie siebzehn oder achtzehn Meilen zurücklegten, waren keine Seltenheit. Das erfüllte die Menschen mit Hoffnung. Seit dem Unglücksfall gleich nach dem Aufbruch, als der Wagen der Familie Ford in Stücke gegangen war, hatte sich nichts Schlimmes mehr ereignet. Die Fords und ihre Habe hatte man auf andere Wagen verteilt. Frau Ford war zu den Sagers in den Wagen gekommen, weil Frau Sager ein Kind erwartete, das jeden Tag geboren werden konnte.

Je weiter und je höher sie kamen, desto spärlicher wurde das Gras. Die Landschaft glich in nichts der herrlich blühenden und wogenden Prärie der ersten

Wochen ihrer Wanderung und ebenso wenig den harten, trockenen Büffelebenen, über die sie danach wochenlang gezogen waren. Aber meistens gab es hier mehr Bäume, so dass sie für ihre Feuerstellen nicht mehr allein auf getrockneten Büffelmist angewiesen waren.

Mehrmals mussten sie einen breiten, schlammigen Seitenarm des Platteflusses überschreiten. Aber immer fanden sie Stellen, wo sie gut durchwaten konnten. Schwerer wurde es, als sie eines frühen Morgens den breiten, reißenden Fluss selbst überqueren mussten. Er war tiefer als der Laramie. Der Anführer und seine Männer trieben ihre Pferde wiederholt in den Strom, während die Spitze der Karawane am Ufer wartete, aber sie fanden keine Furt. So blieb ihnen nichts anderes übrig als hinüberzuschwimmen. Einer musste ein Seil ans andere Ufer bringen, dann konnte man die Wagen wie Fährboote dorthin leiten. Das war gefährlich, denn in der Mitte des breiten Stromes wirbelten tückisch saugende Strudel. Ein Hornstoß ertönte, das hieß: Freiwillige vor!

John Sager saß am Ufer. Sein Pferd hatte er neben sich an einer Weide festgebunden, eine leere Pfeife seines Vaters hielt er, den Kopf nach unten, zwischen den Zähnen, die er mit aller Kraft zusammenbiss. Wenn er doch älter wäre! Er wusste genau, dass sie ihm nicht erlauben würden als Erster hinüberzuschwimmen.

Freiwillige vor!

Niemand meldete sich. Doch plötzlich sah John seinen Vater vortreten und sein Gesicht begann zu leuchten. Der Vater ritt ein gutes Pferd, das sich wohl gegen die Strömung behaupten würde.

Aber ein paar ältere Männer erhoben Einspruch, sie sagten zu Heinrich Sager, als Haupt einer so großen Familie dürfe er sich nicht in solche Gefahr bringen. Da sprengte am Ende der Karawane ein kleiner schwarzer Mustang nach vorn. Der Reiter war Walton, der junge Mann mit dem roten Vollbart, der seine Frau verloren hatte. Im Vorbeireiten riss er Sager das Seil aus den Händen und trieb sein Pferd in den Fluss. Genau gegenüber schien ein brauchbarer Landungsplatz zu sein. Aber der Mann ging schräg gegen die Strömung an, denn in der Mitte würde er mit seinem Pferd stromabwärts gedrängt werden.

Jetzt schwamm das Pferd, sein Kopf bewegte sich regelmäßig auf und nieder. Der Mann schwamm daneben und es sah aus, als treibe sein roter Haarschopf auf dem Wasser. Der Hut, den er in der Eile auf dem Kopf behalten hatte, segelte mit der Strömung und war schon fast außer Sicht.

Wie lange das dauerte! Und das sollte der ganze Treck schaffen! John sah erregt und gespannt zu. Doch da rief sein Vater, er solle helfen kommen. Die Männer begannen schon die Wagen für das Übersetzen bereitzumachen. Die Ochsen wurden ausgespannt.

Plötzlich erhob sich ein Jubelschrei aus einer Gruppe von Frauen und Kindern, die am Flussrand standen: Mann und Pferd hatten das andere Ufer erreicht. Walton machte das Seil fest und gab Zeichen, dass die Überquerung beginnen könne.

Die Wagen wurden fest aneinander gebunden. Dann polterten sie einer nach dem anderen längs des Seiles ins Wasser und glitten gleich schwimmenden Archen, mit Frauen, Kindern und Hausrat beladen, ans andere Flussufer.

Dann kam das Vieh an die Reihe. Stromaufwärts von den Wagen wurden die ersten Ochsen ins Wasser gejagt. Fünf Männer gingen ihnen voran, jeder stromabwärts vor einem Ochsen. Eine Hand hielten sie am Nacken ihres Tieres, mit der anderen schwammen sie. So trieben sie das schwerfällige Geschöpf gegen die reißende Strömung in die gewünschte Richtung. Nun jagten berittene Männer die anderen Tiere ins Wasser. Mehr als zweitausend Kühe, Ochsen, Maulesel und Pferde mit Reitern schwammen in sechs, sieben Reihen nebeneinander über den breiten Fluss. Als die Ersten in der Flussmitte angekommen waren, standen noch Hunderte am Ufer und warteten.

John gehörte zu den Vordersten. Er hatte seinen Vater gebeten ihm die Ochsen anzuvertrauen. »Ich kann es wirklich, Vater, ganz bestimmt. Und Mary schwimmt so gut.« Dabei hatte er seinem Pferd auf den glänzenden Hals geklopft.

Der Vater hatte ihn nachdenklich angesehen und schließlich gesagt: »Also gut, mein Junge.«

Im Schatten der grauweißen Plane des Wagens hatte er das bleiche Gesicht seiner Mutter gesehen. Ihre dunklen Augen hatten ihn besorgt angeblickt, aber sie hatte nichts gesagt. Neben ihr hatte Francis gesessen, der ihn bewundernd angesehen hatte, dahinter Luise. »Gelt, du wirst vorsichtig sein, John?«, hatte sie wie eine Alte gesagt.

Schon im Davontraben hatte er sich noch rasch umgedreht und ihr die Zunge herausgestreckt. Aber gleich darauf war er vor Scham über sein kindisches

Benehmen errötet. Ein Mann, der das Vieh ans andere Flussufer treibt, streckt nicht die Zunge heraus!

Mary schwamm großartig, der Knabe fühlte sich völlig sicher auf ihrem Rücken. Die Ochsen schwammen gut, nur Clarus schien ängstlich zu sein. John hatte schon Mühe gehabt ihn ins Wasser zu bringen. Als sie fast in der Mitte angelangt waren, begann das Tier gegen die Wagen hin abzutreiben. Sofort schwamm der Junge mit seinem Pferd auf den Ochsen zu. Der aber wurde immer unruhiger. Nun fasste John einen schnellen Entschluss. Er ließ sich aus dem Sattel gleiten und griff nach dem Kopf des Ochsen. Aber bevor er erkannte, was eigentlich vorging, wurde er mitsamt dem Tier von einem Strudel in die Tiefe gezogen. Nach einem Augenblick schrecklicher Angst kam er wieder an die Oberfläche. Er war völlig atemlos, schnappte nach Luft, bekam von neuem Wasser in die Kehle. Er meinte zu ersticken, seine Lungen schienen zu platzen, die Brust tat ihm weh, sein Herz hämmerte rasend. Mit heftigen Schlägen schwamm er blindlings, bis er spürte, dass ihn ein nächster Strudel ergriff und nochmals in die Tiefe zog. Plötzlich musste er an Luise denken, der er die Zunge herausgestreckt hatte, an das bleiche Gesicht seiner Mutter und an den ernsten Blick, mit dem ihn der Vater prüfend und doch vertrauensvoll angeschaut hatte. Jetzt würde er ertrinken und keinen von ihnen wiedersehen – Francis, Käthe, Lizzy, keinen . . . keinen . . . Plötzlich spürte er, wie ihn unter Wasser etwas Schweres anstieß. Er griff danach – da fühlte er das haarige Fell seines Ochsen. An der Seite des Tieres kam er wieder an die Oberfläche. Jetzt merkte er, dass der Ochse schräg gegen die Strömung schwamm: Offenbar wollte er wieder zu seiner Herde. John schwamm neben dem Kopf des Tieres weiter und sah ab und zu dankbar in die sanften, angstvollen Augen. Er hatte Clarus retten wollen – jetzt hatte Clarus ihn gerettet.

Am anderen Ufer wartete Mary geduldig auf ihn, die Sonne hatte ihr Fell beinah wieder getrocknet. Im Schatten einer roten Weide kaute sie an einem großen Büschel Gras. Neben seinem Pferd, das sich einen Augenblick zu ihm hinunterbeugte, sank John ins Gras. So fand ihn sein Vater eine Stunde später, in tiefem Schlaf.

Die Karawane zog weiter. Sie kamen an den malerischen »Roten Buckeln« vorbei, die zu ihrer Linken lagen, zwei hohen, runden Felsen. Hier, wo der Fluss durch eine tiefe Schlucht, den »Feuerpass«, strömte, war vor einigen Jahren eine Regierungsexpedition in einem blutigen Gefecht mit Indianern aufgerieben worden. Der Treck kam höher hinauf, in einen öden, kahlen Landstrich. Nicht alle Leute vertrugen die dünne Höhenluft gut und wenn man ab und zu auf eine Quelle stieß, war das Wasser meistens stark alkalisch und schmeckte schlecht. Der Anführer wollte den Männern neuen Mut einflößen: Er malte ihnen in verlockenden Farben einen idealen Lagerplatz aus, von dem sie nur wenige Reisetage entfernt seien, beim Weidenbucht-Quell. Dort sollten sie eine längere Rast halten; dort gebe es gutes Gras für das Vieh und frisches Wasser in Hülle und Fülle, dort könnten die Frauen auch Wäsche waschen. Nachts, im dunklen Wagen oder Zelt, wenn die Kinder schliefen, sprachen die Männer den Frauen Mut zu. Nur noch zwei Tage – nur noch einen Tag . . .

Der Tag begann wie immer. Um vier Uhr morgens – die aufgehende Sonne stand wie ein rotglühender Ball über der grauen Landschaft – gaben die Wachen Gewehrschüsse ab zum Zeichen, dass die Nachtruhe vorbei war. Aus jedem Zelt, jedem Wagen kamen Frauen, Männer und Kinder. Die sanft schwelenden Feuer wurden angefacht und bald stiegen Dutzende von Rauchfahnen auf. Speck wurde gebraten und Kaffee wurde gekocht, wo man noch welchen hatte. Jene Familien, die noch Maisbrei für die Kinder bereiten konnten, waren glücklich daran.

All dieses spielte sich in der Wagenburg ab, das heißt innerhalb der im Kreis aufgestellten, mit Deichseln und Ketten aneinander befestigten Wagen. Diese Abzäunung konnte selbst der bösartigste Ochse nicht durchbrechen und im Falle eines Angriffes der Sioux-Indianer war sie eine nicht zu unterschätzende Schanze.

Im weiten Umkreis außerhalb der Wagenburg fraßen die Rinder und Pferde das dürftige Gras ab. Um fünf Uhr stiegen sechzig Mann auf ihre Pferde und verließen das Lager. Sie ritten zwischen den Tieren hindurch, bildeten einen äußeren Kreis um sie und begannen das Vieh zusammenzutreiben. Dieser Vorgang war den Tieren vertraut, sie verstanden das Peitschenknallen und bewegten sich langsam auf das Lager zu. Dort holte sich jeder Fuhrmann seine Zugochsen aus der dicht gedrängten Herde und führte sie in die Wagenburg, wo ihnen das Joch aufgelegt wurde.

Von sechs bis sieben Uhr ging es im Lager lebhaft zu. Man frühstückte, brach die Zelte ab, belud die Wagen; man machte die Zugochsen und Maulesel bereit um sie einzuspannen. Um sieben Uhr wurde das Aufbruchsignal geblasen und wer zuletzt fertig war, der musste für diesen Tag am staubigen Ende der Karawane fahren.

Die achtundsechzig Wagen waren in siebzehn Gruppen zu je vier Wagen eingeteilt. Jede Gruppe kam abwechselnd nach vorn. Die Spitze von heute bildete morgen die Nachhut.

Zehn Minuten vor sieben war das ganze Lager in Auflösung begriffen, die Gespanne wurden vor die Wagen gebunden, die Ketten klirrten. Frauen und Kinder hatten ihre Plätze unter den Planen eingenommen. Jeder Fuhrmann war auf seinem Posten.

Ein Hornsignal ertönte! Der Anführer und seine Helfer bestiegen ihre Pferde. Die ersten vier Wagen verließen das Lager, die übrigen Vierergruppen folgten in mustergültiger Ordnung und langsam zog die Karawane über die Hochebene, hoch über dem schäumenden Fluss.

Ein neuer, schwerer Tag hatte begonnen, schwer vor allem für die Sagers, die ohne Frau Fords Hilfe auskommen mussten, weil diese es übernommen hatte Waltons krankes Kind zu pflegen.

Die Sonne stieg hoch. Unter den dick bestaubten Planen wurde es heiß und stickig. Gegen Mittag wurden die Kinder müde und weinerlich. Aber im Wagen der Familie Sager gab es größere Sorgen.

John war stundenlang in der brennenden Sonne neben dem vordersten Ochsengespann geritten. Jetzt schrie ihm sein Vater, der auf der Kutschbank saß, einen Befehl zu. Im nächsten Augenblick galoppierte der Junge nach vorn. Er sollte den Doktor holen. Der Doktor war Tierarzt, aber er hatte schon oft Menschen geheilt. John trieb sein Pferd zu höchster Eile an. Warum bloß ritt der Doktor nicht in der Mitte der Karawane? In dem besorgten Gesicht des Vaters hatte der Knabe gelesen, dass Eile geboten war.

Inzwischen fuhr Heinrich Sager seinen Wagen aus der Reihe. Dann hielt er an. »Alle Kinder hinaus«, befahl er. »Büffelmist sammeln, Feuer machen! Luise soll so viel Wasser kochen, wie sie kann.«

Bevor Luise den Wagen verließ, schöpfte sie mit einem Napf aus dem Wasserfass hinten im Wagen den großen Kessel voll, den John draußen über das Feuer hängte. Scheu blickte sie zur Mutter, die still und bleich auf dem Zelttuch lag. Die Mutter erwiderte Luises Blick und nickte ihr beruhigend zu. Wenn der Doktor nur bald käme!

Der Doktor kam. Mit seinen langen Beinen stieg er direkt vom Sattel in den Wagen und John band das Pferd fest; dann wischte er sich mit dem Handrücken Schweiß und Staub aus den Augen.

Die Kinder fanden, dass es lange dauerte. Das Wasser kochte schon seit einer Weile, aber niemand fragte danach. Sie wagten nicht, in den Wagen zu schauen. In der Ferne zog ihr Treck in einer dicken Staubwolke weiter. Sie würden sehr weit zurückbleiben. John machte ein besorgtes Gesicht – er wusste, wie gefährlich das war. Nachzügler wurden oft überfallen. Aber er sagte nichts. Ab und zu kam sein Vater für einen Augenblick heraus und sah sich um; er betrachtete die Spuren vor ihnen, acht Wagenspuren nebeneinander und Tausende von Hufspuren. Doch hinter ihnen blieb der Horizont klar.

Bis John plötzlich ein kleines Staubwölkchen entdeckte. Er erschrak. Denn das konnte nur eines bedeuten: Indianer.

»Vater!«, schrie er.

Heinrich Sager streckte den Kopf heraus. John wies nach Osten, wo die Staubwolke jetzt größer wurde. Sein Vater sagte nichts. Er holte den Kessel mit kochendem Wasser in den Wagen, kam aber bald darauf mit fünf Gewehren und zwei Pistolen wieder heraus. John hatte seine eigene Pistole bereits aus dem Halfter gezogen. Der Vater reichte ihm ein Gewehr.

»Alle Kinder mit Ausnahme von John und Luise kriechen unter den Wagen«, befahl er ruhig. Aber man konnte ihm ansehen, wie viel Selbstbeherrschung ihn diese Ruhe kostete. »Da, nimm«, sagte er zu seiner ältesten Tochter. Luise stand wie versteinert mit drei Gewehren in den Armen und starrte auf die sich nähernde Staubwolke. Der Vater legte Pulverhorn, Blei und Ladestock neben sie.

John legte sein Gewehr quer vor sich über den Sattel, wie er es bei den Trappern oft gesehen hatte. Aber der Vater rief: »Bist du nicht gescheit, Junge? Steig ab und binde Mary vorn bei den Ochsen fest. Willst du als Zielscheibe dienen und aus dem Sattel geschossen werden?«

Francis schubste die kleineren Geschwister unter den Wagen. Katharina protestierte schreiend und schlug um sich. »Heul nicht, du Schaf«, schnauzte Francis sie erregt an, wobei er seiner Stimme einen möglichst männlichen Klang gab. Mathilde und Lizzy fanden das Spiel sehr lustig, denn sie durften sonst nie unter den Wagen kriechen.

Vater Sager kletterte wieder hinein. Dann lud er zwei leere Wasserfässer aus und einen Sack Mehl, den einzigen, den sie noch hatten. Er stellte die beiden Fässer neben das Hinterrad an der Seite des Wagens und legte den Mehlsack quer darüber.

»Stellt euch dahinter«, befahl er John und Luise. »Und denkt daran, dass ihr immer in Deckung bleibt. Luise, du lädst die Gewehre, wenn wir sie abgeschossen haben«, gebot er dem Mädchen. Zu John sagte er nichts, er sah ihn nur an.

Aus dem Wagen kam ein Laut. Es klang wie das Schreien eines Säuglings. Vater Sager biss die Zähne zusammen und tat, als höre er nichts. Jetzt wurde das Schreien deutlicher. Da blickte er seine beiden ältesten Kinder an – es war fast, als hätte er Tränen in den Augen.

»Gott helfe uns das junge Leben zu schützen«, murmelte er. Und beruhigend fuhr er fort: »Es ist ja nicht gesagt, dass die Indianer böse Absichten haben. Und auf unsere Gewehre können wir uns verlassen. Schieß nicht zu früh, John, lass sie erst ganz nah herankommen.« Dann rief er rasch in den Wagen hinein: »Doktor, wenn wir es ohne Sie nicht schaffen, rufen wir Sie.«

Sie warteten in großer Spannung. Jetzt sah man deutlich, dass es Reiter waren, nicht viele, vielleicht sechs Indianer auf Prärieponys. Sie waren in der Überzahl, aber sie konnten nirgends Deckung finden, es gab weit und breit kein Gebüsch.

»Gott helfe uns das junge Leben zu schützen!«,

hatte Vater gesagt. Diese Worte machten auf John einen unvergesslichen Eindruck. Da drinnen im Wagen lag nun ein neugeborenes Brüderchen oder Schwesterchen. Es war ein neues Leben und es gehörte zu ihnen. Es war ihrer Sorge anvertraut worden. Die Mutter hatte so viel Mühe gehabt es zu bekommen und jetzt mussten Vater und er es beschützen. Wenn nun dem kleinen Wesen etwas geschah! Ihm wurde bei diesem Gedanken noch heißer, als ihm ohnehin schon war. Er wischte mit dem Ärmel über sein staubiges, verschwitztes Gesicht und spuckte aus. Vorhin, als er den Arzt geholt hatte, war ihm viel aufgewirbelter Staub in Mund und Nase gedrungen. Wenn es nur endlich regnen wollte! Komisch, jetzt an Regen zu denken! Die Indianer waren schon ganz nah. Er sah, dass einer ein Gewehr trug, die anderen hatten Bogen und Pfeile.

Da schwirrte schon der erste Pfeil durch die Luft. Die eiserne Spitze bohrte sich in die Wagenplane, summend und zitternd blieb der Pfeil stecken. Ein Schuss knallte; aber der Vater machte John ein Zeichen, er solle noch warten. Jetzt! Beide schossen zugleich. Der vorderste Indianer, der mit dem Gewehr, fiel verwundet vom Pferd. Das Tier schleifte ihn noch ein Stück weit mit. Die anderen machten schleunigst kehrt, ritten in rasendem Tempo einen großen Bogen und griffen von neuem an. Wieder schossen Heinrich und John Sager aus beiden Gewehren, während die Pfeile über sie hinwegschwirrten. Der zweite Indianer wurde aus dem Sattel geschossen – ein anderer konnte ihn gerade noch packen und vor sich auf sein eigenes Pferd heben. John wurde der Hut vom Kopf gerissen, er hörte einen trockenen Schlag und sah sich um: Der Pfeil hatte sich in das Holz des Wagens gebohrt. Dann hörte er ein Klatschen und sah gerade noch die Arme des Doktors, der Wasser ausgegossen hatte. Luise drückte ihm ein neu geladenes Gewehr in die Hände. Aber das war nicht mehr nötig. Die Indianer hoben ihren ersten Verwundeten auf ein Pferd und galoppierten jetzt in großem Bogen davon. Die beiden herrenlosen Ponys liefen ihnen nach. Bald war nichts mehr zu sehen als eine sich langsam senkende Staubwolke.

»Indianische Viehräuber«, bemerkte Vater Sager kurz. »Der Ausgang des Kampfes wird sie enttäuscht haben.« Er hob den Mehlsack von den Fässern und stieg damit in den Wagen. Ein Pfeil hatte den Sack gestreift und durch ein kleines Loch rieselte kostbares Mehl.

Kurz darauf streckte der Vater den Kopf wieder hinaus. »Ihr dürft alle hereinkommen«, verkündete er feierlich.

Eines nach dem anderen kletterte in den Wagen, John und Luise voran. John versuchte sich ganz gelassen zu geben, aber er war aufgeregt. Käthe gab Francis einen Stoß, so dass er beinah vornüber gefallen wäre – das war ihre Rache für vorhin. Der Vater zog Mathilde und Lizzy hinauf.

Da lag die Mutter, ein glückliches Lächeln auf dem bleichen Gesicht, mit den großen, dunklen Augen, das lange schwarze Haar zu beiden Seiten des Kopfes auf dem weißen Kissen. Der Arzt goss noch einmal Wasser aus, trocknete sich die Hände und gab Vater Sager einen derben Schlag auf die Schulter. Jetzt erst sahen die Kinder, dass der Vater etwas in den Armen hielt. Es war das Kind, gewaschen und gekämmt, mit einem großen schwarzen Haarschopf, aber sonst winzig klein, in Mutters violettes wollenes Umschlagtuch gehüllt.

»Ein Prachtkind! Ein Mädchen. Sie wiegt gut und gern neun Pfund!«, sagte der Doktor.

Ein Prachtkind! John schaute rasch zu Luise. Sie jedoch sah wie gebannt auf das Neugeborene. Dann suchte er Francis' Blick. Der Bruder grinste. Ein Prachtkind! Es war zum Lachen. Aber ein Mädchen war es und das fand er schön. Ein neues Schwesterchen, ein ganz kleines Schwesterchen! War es die Folge der großen Gefahr, der sie gerade entronnen waren, während das Kindchen geboren wurde, oder war es, weil sich John nach dem Gefecht mehr als je zuvor als Mann fühlte – jedenfalls spürte er ein heftiges Verlangen das Schwesterchen in seine Arme zu nehmen und für immer gegen alles zu beschützen.

Doch sein Vater legte es wieder neben die Mutter.

Sie knieten im Kreise um die Mutter und das Schwesterchen nieder. Der Doktor und der Vater nahmen die Hüte ab und der Vater betete mit fester, tiefer Stimme:

»O Herr, dieses Kind befehlen wir deinem Schutz. Ihr Name soll Independia sein, das bedeutet Unabhängigkeit. Im neuen Lande soll sie getauft werden, im Tal des Columbia-Flusses in Oregon. Amen.«

Spät am Abend rollte der Wagen der Familie Sager in das Lager beim Weidenbucht-Quell. Die Sonne war schon untergegangen. Knaben und Mädchen saßen am sandigen Ufer der Bucht und ließen ihre heißen Füße ins kühle Wasser hängen. Das Plätschern des Wassers vermischte sich mit dem Klang ihrer lachenden Stimmen. Irgendwo spielte jemand Geige, eine junge Frauenstimme sang dazu. Es war ein wehmütiges Lied. Vor dem Zelt des Anführers hielten beim Feuerschein die Vertrauensmänner eine Beratung ab. Heinrich Sager trat zu ihnen und sagte etwas. In dem roten unruhigen Schein der Flammen sah man ihre ernsten Gesichter unter den breitrandigen Hüten. Schwerfällig erhoben sich alle Männer, einer nach dem anderen drückte ihm die Hand. Independentia Sager war das erste »Planwagenkind«. Möge es ihr gut gehen!

3

Der Treck zog weiter. Es geschahen nun jeden Tag Unfälle. Die Fahrgestelle der Wagen und das Geschirr der Zugtiere hatten in dem rauen Gelände so sehr gelitten, dass immer wieder eine Achse oder eine Deichsel brach, ein Reifen sich vom Rad löste oder ein Zugstrang zerriss. Die Karawane zog sich auseinander. Nur allzu oft kam es vor, dass ungeordnete Wagengruppen erst spät am Abend, bisweilen tief in der Nacht, den Lagerplatz erreichten. Die Männer und Frauen hatten es schwer, aber sie blieben tapfer und hart. Sie drangen vorwärts. Jeder Tag brachte sie dem gelobten Lande näher, durchschnittlich legten sie täglich immer noch zwölf bis fünfzehn Meilen zurück.

Von Süden umfuhren sie den Unabhängigkeitsfelsen, eine der größten Merkwürdigkeiten auf
ihrem Wege. Es war ein einsamer, völlig kahler
Berg aus grauem Granit, der unvermittelt aus der
weiten Ebene emporragte. An seiner Südseite
strömte der »Süßwasserfluss«, davor lag ein prächtiger grüner Grasstreifen von zwanzig bis dreißig
Fuß Breite, wo die Wagen bequem hintereinander
fahren konnten. Das klare Flusswasser schmeckte
süß und war ein Labsal. Dieser Berg war höchst
eindrucksvoll in seiner grauen Kahlheit. Trapper
und Entdeckungsreisende hatten ihre Namen mit
Jahreszahlen in den Granit eingeritzt. Heinrich Sager führte seine Söhne John und Francis dorthin.
Er ließ sie vom Pferd steigen und, den Hut in der
Hand, die Inschriften der tapferen Männer lesen,
die, oft allein, oft in kleinen Gruppen, den furchtbaren Gefahren dieses Landes getrotzt hatten um
den Weg zu bahnen für jene, die nach ihnen kommen würden.

»Seht«, sagte der Vater, »hier steht: *Die Oregon-
Gesellschaft kam am 26. Juli 1843 hier an.* Das war die
erste Pionierkarawane, die mit Wagen durch dieses
Land zog. Schade, dass Doktor Whitmans Name
hier fehlt.«

»Warum?«, fragte Francis.

»Wer war das?«, wollte John wissen.

Mit einem seltsamen Glanz in den Augen blickte
Heinrich Sager nach Westen und sagte, als spräche
er zu sich selbst: »Doktor Marcus Whitman ist ein
Missionsarzt, der in Wailaputi im Columbiatal unter
den Indianern wirkt. Er kämpft um die Verwirkli-
chung seines Traumes, dass Oregon einmal ameri-

kanisches Land werde. Die Engländer von der Hudson Bay Company sind uns dort in die Quere gekommen. Sie möchten Oregon als britisches Staatsgebiet sehen. Die Indianer, die dort von der Jagd leben, verwünschen vermutlich uns beide. Aber Whitman ist überzeugt, dass unzählige Amerikaner in den fruchtbaren Ebenen und Tälern Oregons ein glückliches Leben führen könnten. Darum hat er vor einem Jahr mit übermenschlicher Anstrengung für die ersten Auswanderer eine Spur gebahnt. Gebe Gott, dass seine Mühe nicht umsonst war.«

»Soll er Indepentia taufen?«, fragte John sachlich und viel weniger idealistisch.

»Ja, wenn wir seine Missionsstation erreichen, werden wir ihn bitten unsere Indepentia zu taufen«, antwortete Heinrich Sager. Mit Mühe riss er sich von seinem Traumbild los und kehrte in die Wirklichkeit zurück. »Kinder, wir müssen wieder zur Mutter!«, rief er. Sie stiegen auf die Pferde – Francis schwang sich hinter dem Vater auf den Sattel – und ritten der Karawane nach.

An diesem Tag brachten sie eine gute Strecke hinter sich. Vor Sonnenuntergang schlugen sie ihr Lager im Angesicht der Teufelspforte auf. Während Mutter und Luise die dicken Scheiben Büffelfleisch zum Abendessen über einem Büffelmistfeuer brieten, lag John auf dem Bauch im Gras und starrte gebannt zu der seltsamen Pforte vor dem blutroten Abendhimmel. Es war ein enger, steilwandiger Spalt in einem Bergrücken aus Granit. Tief unten strömte der Fluss durch die Schlucht.

»Mutter«, sagte John.

Seine Mutter blickte ihn an. In dem rosigen Feuerschein sah sie weniger bleich aus als sonst. »Was denn, John?«

»Darf ich morgen dort hinaufklettern?« Er zeigte auf die südlichste Spitze der Teufelspforte.

»Frag den Vater.«

»Glaubst du, dass er es mir erlaubt? Wenn Willy Ford auch mitgeht?« Johns Stimme klang hoffnungsvoll.

»Dann glaube ich es wohl«, antwortete seine Mutter. Sie reichte ihm eine Scheibe gebratenes Fleisch, aus dem der Saft noch heraustropfte.

John leckte sich umständlich die Finger ab.

»Wenn wir erst ein Haus haben, müsst ihr wieder lernen, wie man sich benimmt«, sagte die Mutter.

John lachte. Das hatte noch Zeit, fand er. Überdies war es ganz unwichtig. Das Büffelfleisch schmeckte so gut und das war die Hauptsache.

Am nächsten Morgen machten sich John Sager und Willy Ford in aller Frühe auf den Weg, bevor sich die Karawane in Bewegung setzte. Es war eine mühselige Kletterei.

Nach ein paar Stunden erreichten sie den Gipfel in dem Augenblick, als unten das Hornsignal zum Aufbruch ertönte. Sie sahen, wie der Treck sich langsam in Bewegung setzte.

Die Aussicht von diesem Gipfel war so überwältigend, dass es ihnen fast den Atem verschlug. Unter ihnen klaffte der gähnende Spalt, der doch breiter war, als sie angenommen hatten. Es war Schauder erregend die steile Wand hinunter zu sehen. Tief unten im Tal strömte der Süßwasserfluss. Im Westen, wo die Karawane hinzog, dehnte sich, so weit das Auge reichte, eine schimmernde Ebene. Es war eine paradiesische Landschaft, durch die sich wie ein silbernes Band der Fluss schlängelte mit herrlich grünen Ufern zu beiden Seiten.

»Zum Hineinbeißen«, sagte Willy.

»Das kannst du dem Vieh überlassen«, erwiderte John.

Dieses Land war ein Paradies für die Tiere der Wildnis: die Hirsche, Antilopen, Elche, Büffel, Bergziegen und -schafe, Marder, Opossums und Skunks, ganz zu schweigen von den Kaninchen. Nördlich vom Fuß der Teufelspforte erstreckte sich eine ähnliche Ebene bis dorthin, wo der Süßwasserfluss in den Plattefluss mündete. Überall in dem ganzen Gebiet erhoben sich seltsam geformte Hügel aus aufeinandergetürmten Granitblöcken: nackte, graue, gewaltige und bizarre Gebilde. Doch das Allerseltsamste war der Unabhängigkeitsfelsen.

Ganz in der Ferne, am Horizont, sahen die Knaben den Kranz der Berge mit ihren Gipfeln und Zacken. Im Westen glänzte die schneebedeckte Spitze des Mount Hood.

Lange Zeit sprachen sie kein Wort. Plötzlich sagte Willy: »Was ist denn das?« In der weiten westlichen Ebene sah man etwas Dunkles, einen großen, fast schwarzen Fleck. Es war kein Wald. Es war kein Felsen. Es schien sich zu bewegen. Wahrhaftig, es bewegte sich. Was konnte das sein?

»Büffel!«, schrie John. »Das müssen Büffel sein! Eine Herde, wie wir noch keine gesehen haben! Und dort noch eine!«

Die Knaben schauten sich fast die Augen aus dem Kopf, doch mehr als schwarze Flecken konnten sie nicht sehen. Aber ihre Fantasie arbeitete fieberhaft. Es war atemberaubend.

»Wir müssen es unten melden«, sagte Willy gewichtig. »Vielleicht dürfen wir dann morgen mit auf die Jagd. Schließlich haben wir sie entdeckt.«

Sie sprangen hinunter, von Fels zu Fels, gefährlich schnell – ab und zu rutschten sie aus. Wie Bergziegen suchten sie sich ihren Weg.

An diesem Abend wurden rings um das Lagerfeuer Büffelgeschichten erzählt. John und Willy waren die einzigen Knaben, die dabei sein durften – ein kleiner Trost dafür, dass man ihnen nicht erlaubt hatte am nächsten Tag mit auf die Jagd zu gehen. Das war zu gefährlich. Wer auf Büffeljagd gehen wollte, musste wie festgewachsen im Sattel sitzen und ein ganz sicherer Schütze sein. Am Anfang ihrer Wanderung, lange bevor sie nach Fort Laramie gekommen waren, hatten die Pioniere ihre Erfahrungen gemacht. Damals waren alle Männer und Jungen, die im Sattel sitzen und ein Gewehr abfeuern konnten, mit auf Büffeljagd gegangen. Bald aber hatten sie erkennen müssen, dass ungeübte Jäger auf ungeübten Pferden nichts erreichten. Die Pferde scheuten, wenn sie in die Nähe einer Büffelherde kamen. Sobald sie den scharfen Geruch witterten, bäumten sie sich auf, schnaubten und machten kehrt. Wenn die Büffel in Wut gerieten und angerast kamen, wurde es lebensgefährlich. Ein Büffelstier war ein furchtbarer Gegner. Gewöhnlich war denn auch das Pferd klüger als der übermütige Jäger. Sogar ein verwundeter Büffel brachte den Gaul häufig dazu, Zügel und Sporen zum Trotz ins Lager zurückzugaloppieren. Nur durch wiederholte Übung mit einem erfahrenen Jäger konnte ein Pferd zur Büffeljagd erzogen werden.

»Einmal habe ich Büffel in rauen Mengen gesehen, das werde ich nie vergessen«, begann ein Trapper. Er klopfte seine Pfeife an einem Stein aus, stopfte sie wieder frisch und steckte sie in Brand. Dann erst fuhr er fort: »Damals habe ich die Ebene schwarz gesehen von Büffeln, tagelang und tagelang, so weit das Auge reichte. Von fern her kamen sie zum Plattefluss herangeströmt um Wasser zu finden. Waren sie beim Fluss angelangt, so stürzten sie sich hinein und schwammen zu Tausenden täglich hinüber. Das Wasser verfärbte sich und stank. Aber wir mussten es trinken, wir hatten kein anderes.«

Bis jetzt war das Wetter immer schön gewesen, seit sie Fort Laramie verlassen hatten. So konnte es auf die Dauer nicht bleiben. Tatsächlich hatte in der vergangenen Nacht der Mond einen Hof gehabt. In der nächsten Nacht begann es zu wehen.

Zuerst war es nicht weiter beunruhigend, aber die vorsichtigen Leute gingen dennoch daran, ihre Zelttücher und Planen noch einmal besonders gut festzumachen und nachzusehen, ob auch alles in Ordnung war. Der Wind nahm rasch zu, bald stürmte es. Alles knarrte, knackte und stöhnte, es klatschte, klapperte und heulte. Die Tiere außerhalb der Wagenburg waren verstört, drängten sich in dichten Haufen zusammen, schnaubten unruhig und brüllten. Die Hunde heulten, die Kinder schrien, die Wagen ächzten und knarrten. Mit einem gewaltigen Krachen stürzte der einzige hohe Baum zu Boden, der auf dem Lagerplatz stand – eine alte Zeder.

Die Familien hockten beisammen in ihren Wagen oder Zelten, die Hände an die Ohren gedrückt, die Augen groß vor Entsetzen. Dann begann es zu donnern. Es war, als ob die grellen Blitze und die rollenden Donnerschläge den Sturm noch anfachten. In vielen Wagen beteten die Leute, während das Unwetter über dem Lager tobte. Wagen wurden zertrümmert, Planen zerfetzt, Zelte umgerissen, zugleich prasselte der Regen in Strömen herab. Noch nie hatten diese Menschen ein solches Gewitter erlebt, noch nie so schnell aufeinanderfolgende grelle Blitze, so pausenlose, Furcht erweckende Donnerschläge, so undurchdringliche, stürzende Wassermassen gesehen. Überall entstanden Bäche, die dem Fluss zuströmten. Es war, als sollte in dieser Nacht die ganze Welt untergehen. Blitze tauchten die nächste Umgebung für Sekunden in grellweißes Licht und im nächsten Augenblick war alles von einer beinah greifbaren Mauer aus Finsternis umschlossen.

Doch gegen Sonnenaufgang legte sich das Gewitter ebenso plötzlich, wie es gekommen war. Die Verheerung erwies sich als grauenhaft. Die Hälfte der Wagen war schwer beschädigt, manche waren nicht mehr zu reparieren. Die Familie Sager war mit ihrem Wagen noch verhältnismäßig gut davongekommen. Vater Sager und John hatten aber auch rechtzeitig alles festgebunden, was festzubinden war.

Käthe und Lizzy hatten die ganze Nacht geweint; jetzt endlich schliefen sie fest und ruhig. Mathilde lag still mit offenen Augen neben den beiden auf der Decke und starrte auf das grauweiße Segeltuch der Plane, das in der Wärme der ersten Sonnenstrahlen zu trocknen begann. Auf Mathilde hatte alles, was mit »Natur« zusammenhing, eine ganz eigene Wirkung. Nichts, was die Natur hervorbrachte, konnte sie ängstigen. Mit ihren fünf Jahren hatte sie sich weitaus tapferer benommen als die neunjährige Käthe und unbefangener als die zwölfjährige Luise, die zwar nicht gejammert, aber schreckensbleich mit gefalteten Händen dagesessen hatte.

Vater Sager überließ seine Familie der Obhut von Mutter und John. Er selbst musste gemeinsam mit anderen Männern beraten, was geschehen sollte. Es war klar, dass der größere Teil der Karawane heute nicht weiterziehen konnte.

Nach einer Beratung, die länger als eine Stunde dauerte, wurde beschlossen den Zug zu teilen. Schon seit langem wurden die guten Wagen und Gespanne aufgehalten durch jene, die nur langsam vorankamen. Wer fahren konnte, sollte noch an demselben Tag weiterziehen, während die anderen zurückbleiben mussten um die nötigen Reparaturen auszuführen und sich ein bisschen zu erholen. Sie waren hier nur wenige Tagereisen von Fort Bridger entfernt. Dies war eine erst kürzlich entstandene, höchst primitive Station, in der sich der alte Trapper Jim Bridger eine einfache Schmiede- und Zimmermannswerkstatt eingerichtet hatte um den vorbeiziehenden Auswanderern zu helfen, wenn Not am Mann war. Vielleicht würde der aufgeteilte Treck dort zusammentreffen, vielleicht auch nicht. Die weitere Reise sollten beide Teile unabhängig voneinander unternehmen.

Heinrich Sager blieb bei der zweiten Gruppe. Nicht etwa, weil er mit der rascheren Gruppe nicht hätte Schritt halten können, sondern darum, weil er fähig war die Leute anzuführen und ihnen Mut einzuflößen. Kein anderer von den Tüchtigen hatte diese Aufgabe übernehmen wollen. Außerdem kam ihm der Aufenthalt gelegen. Seine Frau war noch immer sehr schwach und litt an Durchfall, der eher schlimmer als besser wurde. Auch er selbst fühlte sich weniger wohl, als er zugeben wollte. Es würde allen gut tun sich etwas Ruhe zu gönnen. Nicht immer erreichten die Schnellsten ihr Ziel am besten. Auch seine Tiere konnten ein paar Tage Schonung brauchen.

John war enttäuscht, als er es erfuhr. Er wäre gern bei den Vordersten gewesen. Schon die Büffeljagd war ihm entgangen und jetzt kam noch dies! Aber die Laune ließ er sich dadurch nicht verderben. Sein Vater hatte ihn schon früh gelehrt, man dürfe sich durch die äußeren Umstände nicht kleinkriegen lassen. Und John war ein gelehriger Schüler. Er hatte einen ebenso harten Kopf wie Vater Heinrich und ebenso viel Ausdauer. Aber er fügte sich dem Unvermeidlichen, wenn er die Richtigkeit einer Entscheidung einsah.

Zwei Tage später brachen sie auf. Sie ließen die Teufelspforte rechts liegen und wandten sich nach Südwesten. Das Wetter war ebenso schön und klar wie in den vergangenen Wochen. Aber die Erfahrungen dieser einen Gewitternacht sollte keiner der Auswanderer jemals vergessen. Johns Vater saß zu Pferde und führte die Karawane an und zwar folgte er der Spur des anderen Zuges, der ihnen um zwei Tage voraus war. John saß auf der Kutschbank. Er wäre viel lieber geritten, aber er war froh, dass sie an der Spitze des Zuges fuhren. So brauchten sie wenigstens keinen Staub zu schlucken.

Luise erledigte alle Frauenarbeit und sorgte für die Kleinen, denn die Mutter lag hinten im Wagen. Sie war jetzt so krank, dass sie fast kein Wort sprach und bloß lächelte, wenn Luise ihr den Säugling zum Trinken brachte.

Es war am zweiten Tag nach dem Aufbruch. Der Treck fuhr im ruhigen, trägen Tempo der Ochsenwagen durch die Ebene. Da erschraken die Vorreiter und die Fuhrleute über ein dumpfes Geräusch, das von Norden kam und sich anhörte wie fernes Donnergrollen. Der Himmel war so klar, wie er nur sein konnte, im Norden und überall. Das Grollen wuchs langsam an, es wurde zum dumpfen, ununterbrochenen Dröhnen, fest und regelmäßig, immer lauter und drohender.

Heinrich Sager hielt sein Pferd an und suchte durch sein Fernrohr den Kranz der dunstig blauen Berge ab, welche die grüne Ebene einschlossen. Hinter ihm hielt die ganze Karawane an. Der Staub begann sich zu senken. John sah gespannt auf seinen Vater. Er dachte an die Erzählungen von jenem Abend und an das, was er selbst gesehen hatte. Auf diesen Ebenen gab es riesige Büffelherden. Wenn . . .

»Büffel . . . Das sind Büffel!«, rief Heinrich Sager. »Sie kommen von der Seite direkt auf uns zu mit unerhörter Schnelligkeit. Man sieht schon die Umrisse der gewaltigen dunkelbraunen Masse. Wir müssen etwas tun! Sie kommen angerast wie ein Wirbelsturm. Wahrscheinlich wurden sie von Jägern aufgescheucht und sind jetzt durch nichts mehr aufzuhalten. Sie rasen blindlings drauflos. Wenn sie über uns kommen, sind wir begraben wie unter einem Lavastrom. Wir müssen ihnen aus dem Weg gehen!«

Er drehte sich im Sattel um und schrie zurück: »Vorwärts! So schnell wie möglich vorwärts!« Er schickte Reiter zu beiden Seiten der Trecks nach hinten: »Sorgt dafür, dass wir vorwärts kommen! So schnell wie möglich vorwärts!«

John und die übrigen Fuhrleute trieben die Ochsen mit der Peitsche an. Hüh! Hüh! Vorwärts! Jetzt ging es ums Leben! Stimmen schrien, Peitschen knallten und klatschten, die frei laufenden Tiere galoppierten wild dahin, angetrieben von dem Geschrei der Viehtreiber. Die Wagen krachten, während sie in höllischer Fahrt über das holprige Gelände rasten. Die Reiter jagten zu beiden Seiten hin und her um die Tiere anzufeuern. Hüh! Hüh! Vorwärts! Auch die letzten Wagen mussten außer Gefahr sein, bevor die Büffelherde die Bahn der Karawane kreuzte. Bald war der Treck eine einzige Staubwolke. Jeder atmete Staub, jeder biss auf Staub. Die Tiere rannten blindlings hintereinander her. Hüh! Hüh! Vorwärts!

Der Tumult der Karawane wurde noch übertönt von dem gewaltigen Dröhnen, das immer näher kam.

Hüh! Hüh! Vorwärts!

»Wir schaffen es nicht«, keuchte einer der vordersten Reiter. Dort an der Spitze war die Sicht nicht behindert durch Staub, sie sahen das Meer von buckligen braunen Rücken in gefährlicher Nähe heranwogen. »Wir schaffen es nicht«, wiederholte er, heiser vor Angst.

Heinrich Sager sah ihn finster an. »Wir wohl, aber die dort hinten nicht. Reite zur Nachhut! Versammle alle Männer zu Pferde an der Nordseite am Ende des Zuges! Lass alles Vieh an die Südseite neben die Wagen treiben. Ich komme gleich nach.«

Der Reiter riss sein Pferd herum und galoppierte davon. Vater Sager selbst sah ihm nach. Er versuchte mit den Augen den wirbelnden Staub zu durchdringen, aber er konnte nicht einmal den vordersten Wagen sehen. Er hörte nur das Schnaufen und Stampfen der Ochsen hinter sich. »Fahr, so schnell du kannst, John!«, schrie er. »Hol das Letzte heraus. Die anderen folgen dir schon!«

Die Ochsen schnaubten und keuchten, die Pferde wieherten angstvoll. Die langen Peitschen knallten ununterbrochen.

Noch einmal schätzte Heinrich Sager den Abstand, der sie von der heranflutenden Horde wilder Tiere trennte. Er riss sein Pferd herum, drückte ihm die Sporen in die Weichen und sprengte mit zusammengebissenen Zähnen in die Staubwolke hinein. Hinten traf er etwa vierzig Mann zu Pferde, die an der Nordseite der Karawane ritten, zwischen den Wagen und der drohenden Gefahr.

»Absteigen!«, brüllte Sager. »Gras und Sträucher anzünden. Wie der Blitz!« Aber das Letzte hätte er nicht mehr zu sagen brauchen.

Im nächsten Augenblick loderte eine Flammenwand empor. Die Büffel waren jetzt ganz nah. Das gefährliche Dröhnen tausender stampfender Hufe vermengte sich mit dem Gebrüll der Büffel. Der Boden bebte und dröhnte. Sie liefen gegen den Wind. Der beißende Rauch wehte ihnen entgegen. Sie sahen die Flammen, aber wie toll rasten sie darauf zu. Die vordersten wurden von der nachdrückenden Menge vorwärts gedrängt.

So weit man sehen konnte, war der nördliche Teil der Ebene in einer einzigen strömenden Bewegung.

Es war, als ob die Berge eine unermessliche schwarze, wogende Masse erbrachen, unter der alle Falten und Mulden des Geländes verschwanden.

Die Erde schien zu bersten. Die Männer schrien, die Pferde wieherten vor Angst und rissen mit Gewalt am Zaumzeug. Hunde heulten und bellten. Jetzt sah man schon die haarigen Buckel der Büffel.

Heinrich Sager war wie versteinert, er presste seine Schenkel gegen den Pferdeleib. Die Seinen wusste er in Sicherheit, aber auch die Nachhut des Zuges war ihm anvertraut.

»Feuern!«, befahl er. »Schießt alle Gewehre und Pistolen ab – quer durch das Feuer hindurch. Sie müssen nach Südosten abschwenken.«

Schreiend gaben die Männer seinen Befehl weiter. Ein Gewehr nach dem anderen wurde ins Ungewisse abgeschossen. Das ohrenbetäubende Knattern übertönte für eine Weile alle anderen Geräusche. Die Spannung wurde unerträglich. Wenn Feuer, Rauch und Schüsse zusammen nicht halfen, waren sie verloren.

Aber es half. Anhalten konnten die vordersten Büffel nicht mehr, dafür war der Ansturm hinter ihnen zu gewaltig, sie wären selbst überrannt und zermalmt worden. Aber sie begannen abzubiegen. Sie schwenkten schräg nach links ein, nach Südosten. Genau dort, wo die Feuer- und Rauchwand das Ende der Nachhut beschützte, wogte die äußerste rechte Flanke der Herde vorbei. Der Boden dröhnte noch zum Fürchten, die Luft war erfüllt von Schnauben und Brüllen, aber die Gefahr war gebannt. Wie von Sinnen rasten die Tiere vorbei, blind und taub, wild und gewaltig durch ihre Masse; aber sie flößten den Menschen keine Angst mehr ein. Aus heiseren Kehlen brüllten die Männer erleichtert »Hurra!« Manchen liefen Tränen über die Wangen.

Die Karawane kam zum Stillstand. Die Tiere konnten nicht mehr. Aus allen Wagen kletterten jetzt Frauen und Kinder heraus und starrten auf die toten Büffel, die zum Teil zertrampelt waren, und auf den haarigen, dunkelbraunen Strom, der unaufhaltsam weiterfloss. Rücken an Rücken wogte die Herde, wogten Tausende und Abertausende Büffel dahin.

John ritt langsam herbei. Seine Augen folgten gebannt dem unerhörten Schauspiel. Er hatte Francis hinter sich und die kleine Mathilde vor sich auf dem Sattel. Wie alle anderen war er grau vom Staub und der Schweiß lief ihm in Strömen über die Schläfen.

Aber sein schmutziges Gesicht verzog sich zum Lachen, als Mathilde sich zu ihm umdrehte und sagte: »Das waren aber viele, gelt, John?«

Man beschloss an diesem Tag nicht weiterzuziehen. Nach einer Stunde – die Büffel strömten noch immer vorbei – wurden die Wagen im Kreis aufgestellt; man bildete die Wagenburg. Die Ochsen wurden zur Tränke an eine flache Bucht geführt und westlich von dem Büffelzug gab es Gras im Überfluss.

Endlich, als die Sonnenstrahlen schon schräg fielen und die Sträucher lange Schatten warfen, versiegte der braune Strom. Und bald war mit bloßem Auge kein Büffel mehr wahrzunehmen. Der Wind blies den scharfen Gestank ihrer Fährte vom Lager fort. Wo die wilde Horde vorbeigerast war, sah man die vorher so grüne Ebene schwarz aufgewühlt. Das Feuer war ausgebrannt.

Bei Sagers waren die Ereignisse des Tages noch nicht vorüber. Als die letzten Strahlen der untergehenden Sonne den Himmel über den westlichen Bergen rot färbten, suchte Luise die kleine Mathilde vergeblich um sie zu Bett zu bringen. John fand sie endlich. Sie hatte, dem strengen Verbot zum Trotz, die Wagenburg verlassen und saß jetzt schläfrig auf dem Boden, mit tränennassen Wangen, den Rücken an eine tote junge Büffelkuh gelehnt, der sie den Kopf streichelte. Als John sie aufhob, schluckte er die Strafpredigt hinunter, die er ihr hatte halten wollen. Die Kleine sah ihn bekümmert an und sagte: »Sie hat so schöne, glänzende Augen und jetzt wird sie vielleicht nie mehr leben.«

Da trug er Mathilde rasch in den Wagen. Gerade als er dort ankam, drückte der Vater die Hände auf den Magen, erbrach sich und sank mit bleichem Gesicht in die Knie.

Luise und John legten ihn mit Hilfe eines Nachbarn in den Wagen neben Mutter, die Independia nährte. Im Dämmerlicht des Wagens blickte John zärtlich auf das dunkle Köpfchen an Mutters weißer Schulter. Er hatte eine besondere Liebe für dieses kleine Schwesterchen. Vater öffnete die Augen und sah die Mutter neben sich rasch an mit einem Blick, der bedeutete: Nun liegen wir beide krank. Sie aber lächelte, als wollte sie sagen: Das geht schon wieder vorüber.

Schweißtropfen standen auf Vaters Stirn. »Jetzt musst du für die Familie sorgen, John«, sagte er heiser. Diese Worte ließen John erschauern. Vater würde doch wieder gesund werden! Er meinte wohl nur, John solle für die Familie sorgen, solange er krank sei.

Der Knabe nickte dem Vater beruhigend zu.

»Francis ist ja auch noch da, Vater«, sagte er.

4

Anfang Juli, am Abend eines heißen Tages, stieß Kit Carson, einer der berühmtesten Trapper jener Zeit, auf ein kleines Auswandererlager zwischen Fort Bridger und dem Sublette-Gebiet. Nur ein einziger Wagen stand da. Zwei Pferde und ein paar Rinder versuchten zwischen den Steinen und den Absinthsträuchern etwas Gras zu finden.

Carson kam im Galopp heran, sprang vom Pferd und befahl dem Jungen, der ihm entgegenkam, das Feuer zu löschen. Es war ein Junge mit sonnengebleichtem Haar und einem sommersprossigen Gesicht. Er trug ein langes rotes Flanellhemd. In seinem Ledergürtel staken Messer und ein Pulverhorn. Der Gürtel hing schief über den schmalen Knabenhüften durch das Gewicht einer schweren Pistole, die in dem Halfter steckte. Seine Augen sahen klar und klug in die Welt. Ohne Zögern gehorchte er Carsons Befehl. Er ging zum Wagen, holte einen Spaten und warf Erde über das Büffelmistfeuer. Erst als er damit fertig war, schaute er auf und fragte: »Warum muss ich das tun?«

Der fremde Mann sah ihn an. Dann erblickte er die vielen Kindergesichter, die aus dem Wagen schauten. Es war schon spät. Von Rechts wegen sollten diese Kinder längst schlafen. Der große Junge sah die anderen tadelnd an. Dann lachte er verlegen und sagte mit einer linkischen Geste: »Das sind meine Geschwister.«

»So, so«, meinte Carson mit einem Gefühl der Rührung. Diese Kinder waren in Gefahr. Im allgemeinen töteten die Indianer keine Kinder, aber die Erwachsenen, die hier dazugehörten, waren in Gefahr, niedergemacht zu werden. Und was sollte dann aus den Kindern werden? Wie in aller Welt kam es, dass dieser Wagen so allein mitten in der Wildnis stand?

»Warum wollten Sie denn, dass ich das Feuer lösche?«, wiederholte der Junge seine Frage.

»Weil sich eine Gruppe von Sioux-Indianern auf dem Kriegspfad befindet. Sie dürfen den Rauch nicht sehen«, antwortete Carson. Es war am besten, die Wahrheit zu sagen. »Wo ist dein Vater?«

»Vater und Mutter liegen krank im Wagen.«

»Wie kommt ihr so allein hierher?«, erkundigte sich der Trapper.

»Die anderen Wagen sind uns zwei Tagereisen voraus«, erklärte der Junge. »Wir konnten nicht weiter. Ich musste erst eine Wagenachse reparieren. Aber jetzt ist sie in Ordnung. Vater hat mir genau gesagt, was ich tun musste.«

»Führ mich einmal hinein, ich möchte deinen Vater sehen«, sagte Carson.

Sie gingen zum Wagen, die Kinder wichen erschrocken zurück. Carson stand schon mit einem Fuß im Wagen, da drehte er sich um, blickte hinunter in das kluge, sommersprossige Gesicht und fragte: »Wie heißt ihr?«

»Sager«, antwortete John. »Mein Vater heißt Heinrich und ich heiße John Sager.«

»Hm«, machte der Trapper und dachte dabei: Was für ein prächtiger Bursche!

Im Wagen war es finster. Er zog seine Zunderbüchse aus der Tasche und schlug Feuer.

»Das darf ich im Wagen nie tun«, bemerkte John. »Feuergefahr«, fügte er trocken hinzu.

Carson blies die Flamme aus. Er lächelte im Dunkeln.

»Ihre Augen gewöhnen sich bald an die Dunkelheit, wenn Sie nur ein bisschen warten«, hörte er wieder die Stimme des Jungen. »Dort hinten liegt Vater. Stoßen Sie nur nicht an Indepentias Körbchen. Das steht links von Ihnen.«

»Indepentia?«, brummte Carson.

»Unser kleines Schwesterchen«, erklärte John stolz.

Grundgütiger, ein Säugling war auch dabei!

Carsons Augen gewöhnten sich tatsächlich an das Dämmerlicht. Bald konnte er auf einem grauen Zelttuch zwei ausgestreckte Körper unterscheiden.

»Das sind Vater und Mutter«, flüsterte John. »Sie schlafen viel. Und Vater redet manchmal im Fieber. Aber Luise sagt, das sei immer so, bevor es besser wird.«

Carson bückte sich und versuchte die Gesichter des Mannes und der Frau zu sehen.

»Was habt ihr zu essen?«, fragte er John flüsternd.

»Vorgestern habe ich eine Antilope und drei Kaninchen geschossen. Davon essen wir noch. Vater und Mutter vertragen kein Fleisch, sie trinken nur Wasser. Aber wir haben fast kein Wasser mehr und hier in der Nähe gibt es nirgends einen Fluss oder eine Quelle. Es ist kein sehr guter Lagerplatz«, fügte er beschämt hinzu.

Carson schüttelte Heinrich Sager an der Schulter. Aber der Kranke erwachte nicht. Seine Augen öffneten sich kaum zur Hälfte und fielen gleich wieder zu.

»Komm mit hinaus«, sagte Carson flüsternd. Ihm wurde übel von der fürchterlichen Luft im Wagen.

Er konnte ihnen nicht helfen, er musste weiterreiten; er musste das Trapperlager am Green River benachrichtigen, dass die Sioux im Anzug seien. Und sie hatten bestimmt keine friedlichen Absichten. Nicht einmal diese Nacht konnte er bei den Kindern bleiben. Aber der Junge hier wusste sich zu helfen. Wenn er nur dafür sorgte, dass sie so schnell wie möglich wegfuhren und den Anschluss an ihren Treck fanden.

Er legte John die Hand auf die Schulter und dabei fiel ihm auf, wie muskulös Schulter und Oberarm waren. »Hör mich an, John«, sagte er, »du spannst jetzt die Ochsen vor den Wagen und fährst, so schnell du kannst – Tag und Nacht, bis du bei der Karawane ankommst. Verstanden? Tag und Nacht. Wenn es stimmt, was du sagst, dass sie euch zwei Tagereisen voraus sind, könnt ihr sie übermorgen Abend eingeholt haben. Schone weder dich noch deine Ochsen.«

Mit diesen Worten schwang er sich in den Sattel. Er sah den Jungen noch einmal eindringlich an, als wollte er ihn durch die Kraft seines Blickes von dem Ernst der Lage überzeugen. Es fiel ihm unsagbar schwer die Kinder im Stich zu lassen.

»Wenn dein Vater erwacht, so sag ihm, dass er

einen tüchtigen Sohn hat«, rief er noch zurück, nachdem er sein Pferd gewendet und ihm die Sporen in die Flanken gedrückt hatte. Dann sprengte er davon. John sah ihm verblüfft nach. Gedankenvoll machte er sich daran, den Ochsen das Joch aufzulegen. Arme Tiere, sie hatten ein schweres Stück Arbeit vor sich. Und er durfte kein Mitleid mit ihnen haben – ebenso wenig wie mit sich oder einem der anderen.

Es waren völlig abgehetzte Tiere und ein total erschöpfter junger Fuhrmann, die nach einer Fahrt von zwei Nächten und zwei Tagen bei Einbruch der Dämmerung zu dem Auswandererlager in der Gegend der Soda-Quelle am Bärenfluss gelangten. Die Wagenburg war nur klein – John zählte nicht mehr als zwölf Wagen. Anscheinend hatte sich die Karawane noch mehr zersplittert und die anderen waren weiter voraus. Er merkte gleich, dass es ein wunderschöner und besonders günstig gelegener Lagerplatz war. Der Fluss rauschte verlockend, das Vieh – mehrere hundert Tiere – fraß gierig von dem üppig grünen Gras. Ringsum auf den Hügeln wuchsen die schönsten Tannen und Zedern, die im sinkenden Abendlicht silbern glänzten. Aus einem Quell rieselte köstlich klares Wasser und ein gewaltiger Berg aus rotbraunem, wunderlich geformtem Fels, den wohl ein Vulkan als glühende Schlacke ausgespien hatte, machte den Ort noch wilder und romantischer. Johns Augen, die ihm während der Fahrt fortwährend hatten zufallen wollen, öffneten sich weit um all das Wunderbare und Verlockende aufzunehmen. Aber nicht die Schönheit allein bewegte ihn auf so ungewohnte Art, mehr noch war es die Tatsache, dass er sich wieder unter Menschen befand, die Mutter und Vater und Indepentia vielleicht helfen konnten. Und dass er endlich würde schlafen dürfen — ach, welche Erleichterung.

Am Rande des Lagers hielt er seine Ochsen an und fragte, ob der Doktor wohl da sei oder eine Frau, die sich auf Krankheiten verstünde.

»Hallo, John Sager!«, rief jemand und nun kam Willy Fords Vater herbei. Er erschrak über das Gesicht des erschöpften Knaben.

»Ist der Doktor da?«, wiederholte John ungeduldig. Er war zu müde um ein Wort mehr zu sprechen, als unumgänglich nötig war. »Holen Sie ihn hierher, bitte! Vater und Mutter sind sehr krank. Mutter ist schon seit zwei Tagen zu schwach um die Kleine zu nähren und Indepentia nimmt nichts anderes. Wir haben es mit Zuckerwasser und Kuhmilch versucht.«

Vater Ford ging um den Arzt zu holen. John sah ihm dankbar nach. Er selbst fühlte sich zu erschöpft um auch nur einen Schritt zu tun. Er blieb auf der Kutschbank sitzen, die Ellbogen auf die Knie und den Kopf in die Hände gestützt. Seine Augen wollten ihm wieder zufallen — sie waren seltsam schwer und alle Geräusche klangen so fremd, als ob sie von weither kämen. Er spürte, dass sich Francis neben ihn setzte. Luise versuchte hinten im Wagen Indepentia zu trösten, die kläglich wimmerte. Gestern hatte sie den ganzen Tag laut geschrien, heute fehlte ihr offenbar die Kraft dazu. »Still, still«, hörte er Luise sagen, als ob sie weit weg wäre, »still, still . . .«

Männerstimmen ließen ihn aufschrecken. Dort kamen Ford, Johnston, Michael O'Connel, der rote Pete und andere, allen voran der Doktor. Mit seinen langen Beinen sprang er neben John in den Wagen. Der Knabe wollte ihm folgen, aber der Doktor winkte ab.

Er schickte die Kinder aus dem Wagen. Im nächsten Augenblick saßen alle Rothemden nebeneinander im Gras. Über dem Fluss hing bläulicher Nebel, die Bergspitzen dahinter leuchteten noch rot. Es war ein heißer Tag gewesen. Niemand sprach ein Wort, man wartete gespannt.

Es währte nicht lange, da kam der Doktor heraus. Er schaute John und die Kinder nicht an. Und es kostete ihn sichtlich Mühe, als er zu der wartenden Menge sagte: »Sie sind tot. Beide, Heinrich Sager und seine Frau.«

»Das ist nicht wahr, das kann nicht wahr sein!«, schrie John. Er sprang auf den Doktor los und wiederholte seine Worte, kreischend, schreiend, weinend. Er musste schreien um den Schmerz loszuwerden, der ihm in der Kehle, in der Brust saß: »Das ist nicht wahr, das ist nicht wahr!«

Der Arzt fasste den Jungen am Arm, der aber riss sich los und wollte in den Wagen klettern. Ein paar mitleidige Hände zogen ihn zurück.

Da warf er sich auf den Boden und drückte den Kopf in das kühle, feuchte Gras. Er biss hinein um nicht mehr zu schreien. Vater und Mutter sind tot! Der Vater, den er nicht entbehren konnte, und die Mutter, die liebe, liebe Mutter mit ihrem sanften Gesicht und den warmen, dunklen Augen. Er sah Mutters Mund, Mutters Schultern und daneben Indepentias Köpfchen!

Das Kind! Was sollte jetzt aus dem kleinen Geschöpf werden? Es war, als ob sich ein Berg über ihn wälzte, eine furchtbare Last, erdrückend – er glaubte zu ersticken.

Ein krampfhaftes Schluchzen entrang sich seiner Kehle. Es tat unerträglich weh. Er versuchte ganz still zu liegen, aber seine Schultern zuckten, sein ganzer Körper zitterte. Jetzt brach es aus ihm hervor, das Schluchzen kam stoßweise. »Vater, Mutter . . .«, schrie er. »Vater, Mutter . . .«

Plötzlich fühlte er eine warme kleine Hand auf seinem Nacken. Ohne hinzuschauen wusste er, dass es Mathilde war. Die kleine Mathilde! So hatte sie auch bei der toten jungen Büffelkuh gesessen. Plötzlich stand es ihm deutlich vor Augen – es war, als sähe er sie dort sitzen, tröstend, streichelnd. Sie war kaum fünf Jahre alt. Und er fast vierzehn.

Er musste trösten. Es war seine Pflicht, die Geschwister zu trösten, für sie zu sorgen, ihnen zu helfen. Er wagte noch nicht aufzuschauen, er ließ sich von der kleinen Hand weiter streicheln. Etwas seltsam Beruhigendes ging davon aus. Liebe, kleine Mathilde! Gerührt schaute er endlich auf und sah in ihr schmales, ernstes Kindergesicht. Sie blickte ihn an und ihre Hand strich liebkosend über seinen Arm.

»Nicht weinen, John, bitte, nicht weinen«, sagte sie. »Wenn du weinst, kann ich nicht weinen. Ich möchte aber doch weinen, denn die anderen weinen auch.«

In all seinem Kummer musste John lächeln. Sie hatte den Nagel auf den Kopf getroffen. Sie hatte das Recht zu weinen, er nicht. Er war der Älteste, er musste den Kleineren Stütze sein. Er setzte sich und streckte die Hand aus. Da legte sie ihre Wange in seine hohle Hand und tat, wonach es sie verlangte: Sie weinte. Lautlos weinte sie dicke Tränen.

Käthe und Lizzy schluchzten herzzerreißend – Käthe, weil sie begriff, dass Vater und Mutter nun wirklich nie mehr erwachen würden, und Lizzy, weil die anderen weinten und alles so traurig und fremd war. Zwei Frauen nahmen die Mädchen mit sich.

Luise und Francis hatten bisher still weinend nebeneinander gesessen. Francis hatte Frau Fords mitleidige Hand wütend von seiner Schulter abgeschüttelt. Jetzt gingen die beiden mit schweren Füßen und nassen Wangen zu John und Mathilde und setzten sich zu ihnen. Niemand wagte einstweilen, die Kinder in ihrem Kummer zu stören.

So leise wie möglich stiegen zwei Frauen und ein Mann in den Wagen um die beiden Toten für das Begräbnis bereitzumachen. Nach kurzer Beratung hatte man beschlossen, sie noch am selben Abend zu beerdigen. Dann konnten die Kinder nachts in ihrem eigenen Wagen schlafen. Außerdem musste man früh am nächsten Morgen weiterziehen.

John sah düster zu, wie Frau Ford mit Independia in den Armen wegging. Die Kleine war in Mutters violettes Sonntagstuch gehüllt wie an ihrem ersten Lebenstag. Jetzt weinte sie nicht mehr, sie war wohl eingeschlafen.

Auch John schlief endlich ein. Er lag im Gras, Francis und Luise wickelten ihn in eine Decke; er merkte nichts davon.

Der Treck zog weiter. Es war nur mehr eine kleine Kolonne von Ochsenwagen, die jetzt durch das schöne, wilde Bergland in Richtung auf Fort Hall, eine englische Pelzjägerniederlassung, wanderte. Vor ihnen waren schon zwei Gruppen ihres Trecks nach Südwesten abgeschwenkt – Kalifornien lockte mehr als Oregon, wo die Engländer gewiss Schwierigkeiten machen würden. Doch in beiden Fällen musste man wildes Gebirge überschreiten.

John saß auf der Kutschbank, Luise neben ihm. Sie waren jetzt Vater und Mutter – das hatten sie nicht etwa besprochen, aber beide empfanden es so. Francis und die anderen ordneten sich Johns Autorität unter.

Francis ritt hinter dem Vieh. »Ein zäher kleiner Teufel«, so nannten ihn die anderen Viehtreiber bewundernd. Sie hatten Hochachtung vor den Sager-Kindern.

Am Abend des zweiten Tages – morgen sollten sie Fort Hall erreichen – wurde John vor den kleinen Rat der Vertrauensmänner gerufen, der zu jeder Karawane gehörte. Vor diesem Rat durfte jeder das Wort ergreifen und seine Sache verteidigen, wenn es nötig war, aber an den gefassten Beschlüssen war nicht zu rütteln. Da hieß es gehorchen. Das war ein ungeschriebenes Gesetz.

»Wasch dir die Ohren, bevor du hingehst«, riet ihm Luise. Sie gab ihm ein sauberes Halstuch und bevor er den Wagen verließ, reichte sie ihm feierlich Vaters Hut. Sie fand, John müsse ihn jetzt tragen. Stumm setzte sich John den großen Hut auf.

Schweigend begab er sich zur Versammlung, die im Halbkreis vor einem Lagerfeuer tagte, rauchend und ebenfalls schweigend. John fühlte, dass ihm Gefahr drohte und er beschloss sich seiner Haut zu wehren.

Der älteste der Männer winkte ihm, er solle sich wie sie auf den Boden setzen. Dann räusperte er sich länger als nötig und ergriff das Wort.

»Wir wollen gleich mit der Tür ins Haus fallen, mein Junge. Ihr könnt nicht beisammen bleiben. So ein Kinderhaushalt allein in einem Wagen, das ist nichts. Wir haben euch auf drei Wagen verteilt: Du und Lizzy, ihr kommt zu O'Connels, Luise und Mathilde gehen zu Müllers, Francis und Käthe zu mir. Indepentia bleibt bei Frau Ford. Das ist die beste Lösung. Ich hoffe, du siehst das ein.«

Mit größter Mühe hatte John ihn ausreden lassen. Er begriff, dass jetzt viel von seiner Ruhe und Selbstbeherrschung abhing. Er wollte sich möglichst so benehmen wie sein Vater. Sie sollten wissen, dass sie ihm vertrauen konnten. Er presste die Fingernägel in die Handflächen. Vater und Mutter würden es schrecklich finden, wenn sie nicht beisammenblieben, das wusste er – ganz abgesehen davon, was er selber wollte, und die anderen . . .

»Herr«, sagte John – er wusste nicht, wie er sonst beginnen sollte –, »ich verstehe sehr gut, dass Sie glauben, es wäre am besten so. An Ihrer Stelle würde ich es vielleicht auch glauben. Aber dann würde ich diese Kinder nicht richtig kennen. Ich meine«, er lachte verlegen, »dass Sie uns eigentlich auch nicht sehr gut kennen. Sie wissen nicht, wie gut Luise waschen kann und Brot backen und viele andere Sachen. Sie hat es schon lange für Mutter tun müssen. Und Francis und Käthe können sehr gut für unser Vieh sorgen. Käthe muss man nur ab und zu fest anpacken, sie bekommt immer Bauchweh, wenn sie arbeiten soll, aber wir sind streng mit ihr und sie folgt ganz brav. Ich kann gut mit den Ochsen und Pferden umgehen und schießen und jagen kann ich auch. Vielleicht besser, als Sie glauben. Vater sagte immer: ›Donnerwetter, John, für einen Jungen deines Alters schießt du wahrhaftig gut‹. Übrigens – so jung bin ich gar nicht mehr, nächsten Monat werde ich schon vierzehn!«

John schwieg und schaute sich im Kreis der Männer um. Sie sahen ihn wohlwollend an, aber in dem ungewissen Schein des Lagerfeuers konnte er das nicht gut erkennen. Der Knabe hatte viel von seinem Vater, fanden sie, dieselbe bedächtige, wohlüberlegte Art zu sprechen und auch die Gesten, von denen etwas Überzeugendes ausging. John Sager erweckte Vertrauen. Genau das hatte auch sein Vater immer getan. Und dumm war er auch nicht, denn er fügte listig hinzu: »Ich glaube, bei anderen Leuten wären Lizzy und Käthe sehr unangenehm, an ihnen würde man nicht viel Freude erleben. Und Independia wollen wir zurückhaben«, schloss er nachdrücklich. Damit ging er unbewusst von der Verteidigung zum Angriff über – eine bewährte Taktik.

Die Männer tauschten Blicke, sie schoben die Hüte nach hinten, kratzten sich den Kopf, sogen an ihren Pfeifen – kurzum, sie dachten nach. Dieser John Sager war ein ungewöhnlicher Bursche.

»Ihr könnt versuchen beisammen zu bleiben«, so lautete endlich der Beschluss. »Wir wollen sehen, wie es geht. Aber Independia bleibt bei Frau Ford.«

5

Wo jetzt das Land völlig überflutet ist vom Wasser des Schlangenflusses, der durch den mächtigen Damm bei den American Falls gestaut wird – einem gewaltigen Wasserfall, der eines der größten Kraftwerke Amerikas speist –, dort lag vor hundert Jahren mitten in der Wildnis Fort Hall. Es war ein kleines, aus unbehauenen Steinen gebautes Fort, wo in völliger Abgeschiedenheit von der bewohnten Welt ein paar Männer von der englischen Hudson Bay Company mit den Indianern Pelzhandel trieben. Die Indianer brachten Häute und Biberfelle dorthin; die Weißen gaben ihnen im Tausch dagegen Tabak, Schießpulver, Blei, Gewehre, Spiegel, Glasperlen, prächtig betresste alte Uniformen für ihre Häuptlinge, später auch Whisky. Mit dem Pelzhandel wurden Vermögen verdient; alle Zylinderhüte in der alten und der neuen Welt wurden aus den seidigen Biberfellen hergestellt.

Zu diesem kleinen englischen Fort kam Mitte Juli des Jahres 1844 eine Gruppe der amerikanischen Auswandererkarawane, bei der sich die Sager-Kinder befanden. Sie wurde gastlich aufgenommen und mit gutem Essen, ja sogar mit Wein und Tabak bewirtet. Doch als die Zukunftspläne zur Sprache kamen, schüttelte der Verwalter den Kopf.

Die Männer saßen im Schatten eines Vordachs auf dem mit kurzem Gras bewachsenen Innenhof des Forts, zwei Indianerinnen setzten ihnen Scheiben von gebratenem Büffelfleisch vor, Pferdesteaks und indianische Honigklöße, in die sich ganze Heuschreckenbeine, -flügel und -köpfe verirrt hatten. Es wurde angestoßen und getrunken und doch war die Stimmung nicht fröhlich.

Als treue britische Untertanen und Angestellte der Hudson Bay Company bemühten sich der Verwalter und seine Leute nach Kräften, die Männer von Oregon fernzuhalten. Die müden, durch vielerlei Unglück und Missgeschick entmutigten Auswanderer konnten nicht ahnen, dass diese Warnung an jedermann gerichtet wurde, der mit einem Planwagen hierher kam und beabsichtigte, sich in Oregon niederzulassen. Das Land sollte Pelzgebiet bleiben und vielleicht – später einmal – zu England gehören. Darum waren amerikanische Siedler dort nicht willkommen; denn wenn einmal genügend amerikanische Untertanen dort lebten, würde die amerikanische Regierung alles tun um das Niemandsland Oregon an sich zu bringen.

»Mit den Wagen über die Berge ins Columbiatal?«, fragte der Verwalter, als könne er seinen Ohren nicht trauen. »Was fällt euch ein, Männer! Wisst ihr denn nicht, was euch dort erwartet, in was für eine Wildnis ihr euch begebt?«

»Aber Doktor Whitman ist doch vergangenes Jahr auch mit einem Treck durchgekommen!«, entgegnete der Ire O'Connel störrisch.

»Whitman? Hut ab vor ihm! Ein so tüchtiger Mann ist mir noch nie vorgekommen. Aber was er kann, kann nicht jeder. Nüchtern betrachtet, war es Wahnsinn, auch als er es unternahm. Und welchen Preis an Menschenleben, an Rindern, Pferden und Material hat er dafür bezahlt? Das wisst ihr nicht!«

»Aber jetzt ist doch wenigstens eine Spur vorhanden, der wir folgen können«, erwiderte O'Connel.

»Eine Spur? Zeig sie mir! Was an Spur vorhanden war, hat die Wildnis wieder geschluckt. Schneestürme, Sandstürme, Lawinen – was glaubt ihr!«

»Aber wir können es versuchen«, sagte O'Connel.

»Haltet ihr euch zu weit nördlich, so verirrt ihr euch in einem Gelände mit tiefen Schründen und Schluchten, turmhohen Bergspitzen und ungangbaren Pässen. Geht ihr aber zu weit nach Süden, dann findet ihr kein Wasser. Man muss breite Flüsse überschreiten, zweimal sogar den wilden Schlangenfluss, und das ist noch keiner Gruppe gelungen ohne Verlust an Menschenleben und Vieh, so wild ist die Strömung. Doch glaubt nicht, das wäre alles. Noch ehe ihr zum Boiséfluss gelangt, müsst ihr ein Gebiet durchqueren, in dem sich drei oder vier Indianerstämme zusammengeschlossen haben um den Weißen den Durchgang zu verwehren. Sie haben mit Recht Angst bekommen ihre Jagdgründe zu verlieren. Und selbst wenn es euch gelingt den Wilden zu entkommen, erhebt sich ein viel schlimmerer Feind: der Hunger. Denn die Entfernungen sind so groß, dass es Winter wird, bevor ihr das Kaskadengebirge erreicht. Geht ihr hingegen nach Kalifornien, nach Südwesten, dann ist der Weg bedeutend kürzer. Und bequemer.«

Der Verwalter schwieg. Es war eine lange Rede für seine Verhältnisse, aber er hielt sie nicht zum ersten Mal. Und wie bisher hatten seine Worte auch jetzt Erfolg.

Am Abend wurde beim Lagerfeuer, ein wenig außerhalb des Forts, ernsthaft beratschlagt. Die Versammlung dauerte nicht lange, denn die Männer waren rasch einig. Man würde dem Rat des englischen Verwalters folgen. Die Karawane sollte sich nach Kalifornien wenden, genau wie es – wenigstens nach den Worten des Verwalters – die Trupps getan hatten, die vor ihnen hier vorbeigekommen waren.

John, der den Beratungen jetzt beiwohnen durfte, allerdings ohne zu sprechen, war außer sich vor Zorn. Jetzt hatten sie mehr als die Hälfte des Weges zurückgelegt unter schweren Opfern und Entbehrungen, sie hatten Menschen, Vieh, Wagen und Besitz verloren – und jetzt sollten sie aufgeben! Waren all die Opfer umsonst gewesen?

Aus seinem Kummer um den Verlust von Vater und Mutter war eine starke Sehnsucht erwachsen: Solange er sich erinnerte, war es Vaters Traum gewesen, im Tal des Columbia-Flusses eine große Farm anzulegen um dazu beizutragen, dass Oregon amerikanisches Gebiet werde. Er wollte Vaters Wunsch verwirklichen und das herrliche, gelobte Land erreichen. Er wollte den Plan nicht aufgeben, da sie schon so weit gekommen waren! Wenn die anderen nicht gingen, so tat er es eben allein. Er mit seinen Geschwistern. *Und sie würden dort ankommen. Die Sagers würden Oregon erreichen.*

Während die Stimmen rings um ihn dröhnten, fasste er für sich feierlich diesen Entschluss. Den Blick starr ins Lagerfeuer gerichtet, ohne zu sehen, so machte er seine Pläne.

Jemand klopfte ihm auf die Schulter. John war zur Wache beim Vieh für die erste Hälfte der Nacht eingeteilt. Er holte sein Gewehr.

Am nächsten Morgen besprach er seinen Plan mit Luise und Francis. Der Bruder war gleich einverstanden, Luise machte ein besorgtes Gesicht, erklärte sich jedoch bereit. »Aber es wird sehr schwer sein, John.«

»Ja, schwer wird es sein, aber es wird gehen«, antwortete John und biss fest auf den Stiel seiner Pfeife, aus der er Kinnickinick, die gemahlene Rinde der roten Weide, rauchte.

Der ganze Tag verging mit geheimen Vorbereitungen, denn in der kommenden Nacht wollten sie aufbrechen. Jeder Tag zählte, sie durften keine Zeit verlieren. Natürlich mussten sie sich in aller Stille auf den Weg machen, sonst würde man sie zurückhalten.

Den Wagen wollten sie zurücklassen. John wählte ihren stärksten Ochsen und die kräftigste junge Kuh, die Vorräte, Waffen, Decken, Zelttücher tragen sollten. Die beiden Pferde wagten sie nicht mitzunehmen, aus Angst vor Indianern, die nichts lieber taten als Pferde stehlen. Pferde hätten sie nur angelockt. Der Besitz eines Pferdes bedeutete einem Indianer alles und nicht jeder besaß eines.

Luise legte in einer Wagenecke alles bereit, was nach ihrer Ansicht unterwegs nützlich sein konnte: Mehl, den Rest ihres Zuckers, gesalzenen Speck, gedörrtes und gehacktes Büffelfleisch, Wasserkessel, Pfanne und Topf, Decken und Zelttuch, die Bibel und Nähzeug. John tat die Gewehre mit allem Zubehör dazu – Ladestöcke, Pulver, Blei, Zündhütchen – und die Wassersäcke. Vaters große Zunderbüchse hängte er an seinen Gürtel, ebenso Vaters Jagdmesser; seines gab er Francis.

Alles ging in großer Spannung vor sich, sie sprachen fast kein Wort und sahen einander kaum an. Sie fühlten, dass sie im Begriff waren, etwas Verwegenes zu unternehmen, dessen Ausgang ungewiss war. Aber sie verbargen es voreinander.

Jetzt blieben noch zwei wichtige Dinge zu erledigen. Sie mussten Independia holen und John wollte versuchen einen Hund zu bekommen.

»Gib mir Vaters letzten Tabak und Mutters silbernes Medaillon, Luise«, sagte John. »Im Fort sind Indianer. Einer davon hat einen prächtigen Wolfshund.«

»Willst du Mutters Medaillon gegen einen Hund eintauschen?«, fuhr Luise auf, denn es schmerzte sie, dass John Mutters einziges Schmuckstück weggeben wollte – das alte Medaillon an der Silberkette, das Mutter immer getragen hatte . . .

»Glaubst du, ich tu's zum Vergnügen?«, entgegnete John mürrisch. Gerade weil es ihm selbst so schwer fiel, packte ihn die Wut. Begriff denn Luise nicht, wie ungern er es tat? Es ging um ihrer aller Sicherheit. Er konnte nicht jede Nacht wachen. Auch für die Jagd war ein Hund wichtig.

Luise schwieg. Sie sah die Notwendigkeit noch nicht ein.

»Willst du, dass uns unerwartet Indianer überfallen oder dass eines der Kinder von Wölfen oder einem Grislybären gefressen wird?«, fragte John ungeduldig. »Gib es schon her!«

Schweigend holte Luise das Medaillon aus dem Nähzeugbeutel, den sie zum Mitnehmen bereitgelegt hatte. Sie öffnete es und nahm die kleinen Bilder heraus: einen Scherenschnitt vom Vater, als er noch jung war und einen aufgezwirbelten Schnurrbart trug, und ein Bildchen von John, als er ein ganz kleiner Junge war und einen großen Strohhut mit weißem Band auf dem Kopf hatte. Dann schloss sie das Medaillon und gab es ihm. Sie schluckte und sagte: »Ich begreife es schon, es ist nur so traurig.«

John steckte es in die Tasche. Plötzlich hatte er Mühe die Tränen zurückzuhalten. Und doch war er froh darüber, dass Luise und er dasselbe traurig und schwer, dasselbe gut und erfreulich fanden. Am liebsten hätte er die Arme um ihren Hals gelegt, aber so etwas tut man doch nicht . . .

Mit einem Ruck drehte er sich um. »Ich gehe doch erst Independia holen. Das mit dem Hund besorge ich nachher«, sagte er rasch. Independia konnte man wenigstens unbefangen in die Arme nehmen. Er hatte plötzlich ein unwiderstehliches Verlangen seine Wange an ihr warmes, weiches Köpfchen zu legen. Und es war beruhigend zu wissen, dass sie es nicht weitersagen würde. Er lief zu Waltons Wagen, in dem die Fords wohnten.

»Dürfen wir Independia heute Abend zu uns nehmen, Frau Ford?«, begann er. »Wir haben sie so lange nicht gehabt. Wir werden auch gut für sie sorgen.«

Frau Ford sah ihn zweifelnd an.

»Bitte, erlauben Sie es«, bettelte John. »Sie bekommen ein bisschen Zucker von uns, wenn wir sie heute Abend, vielleicht auch heute Nacht behalten dürfen. Bitte, sagen Sie Ja, Frau Ford. Wir werden gut auf sie aufpassen, sie trinkt ja jetzt Kuhmilch und sie ist so brav. Es wird ihr bestimmt nicht schaden. Und Sie bekommen auch zwei Tassen Zucker.«

Er kam sich sehr gemein vor. Aber er beruhigte sein Gewissen, indem er sich sagte, Independia selbst wäre auch lieber bei ihnen als bei Frau Ford. Und schließlich gehörte Indepentia ihnen.

Der Zucker lockte Frau Ford. Aber Indepentia Sager war ihr anvertraut worden. Wie, wenn ihr etwas zustieße! Andererseits waren diese Kinder so tüchtig und zuverlässig. Sie sollten ihren Willen haben! Und empfindlich war dieser Säugling ja nicht.

»Wirst du auch gut Acht geben, John? Und denk daran, keine unverdünnte Milch, hörst du? Immer ein bisschen lauwarmes Wasser dazutun.«

»Bestimmt, Frau Ford.«

Wie erregt die Stimme des Knaben klang. Und wie verlangend er die Arme nach dem Schwesterchen ausstreckte – diesem kleinen Bündel in Mutters Umschlagtuch. Nichts als der schwarze Haarschopf schaute heraus. Erst als John außer Sehweite war, wagte er es, seine Wange an das warme Köpfchen zu legen.

»Indepentia«, flüsterte er, »du gehst mit uns nach Oregon. Du sollst in einem herrlichen Tal aufwachsen, zwischen Blumen und Bohnenstangen und Weizen und Mais und ... und Apfelsinen.« Eigentlich wusste er nicht genau, ob dort Apfelsinen wuchsen. Nun, das würde man ja sehen.

»Ich hab sie«, rief er, bei dem Wagen angekommen, hob sie hoch und legte sie in Luises ausgestreckte Arme. Drinnen wurde sie an ihren alten Platz gelegt.

»Jetzt hole ich den Hund«, rief John übermütig.

Er kam mit einem Prachtexemplar zurück, einem echten Wolfshund von etwa anderthalb Jahren. »Zuerst wollte der Indianer natürlich nicht. Aber ich hatte die Hälfte des Tabaks zurückbehalten und als ich die später dazugab, wurde er schwach. Das Medaillon habe ich ihm nicht einmal gezeigt«, sagte er und warf Luise einen verschmitzten Blick zu.

Er hielt den Hund an einem Riemen. Daran war das Tier nicht gewöhnt und als ihm John den Kopf streicheln wollte, zeigte er knurrend die Zähne.

Luise sah bekümmert drein. »Ich fürchte, du hast dich anschmieren lassen.«

John zuckte die Achseln. Seine wortlose Geste besagte: Hör schon auf! Mich schmiert man nicht so leicht an.

Aber Francis bemerkte schlau: »Ich glaube, dieser Indianer denkt, der Hund läuft natürlich wieder zu ihm zurück. Dann hat er den Tabak und den Hund.«

John schüttelte den Kopf. »Wir binden ihn gut an. Und heute Nacht, wenn wir aufbrechen, bleibt er am Riemen.«

»Der läuft noch zurück, wenn wir zwei Tagereisen weiter sind«, meinte Francis.

»Ich werde einen Hirsch schießen, dann bekommt er gutes Fleisch zu fressen«, sagte John. Aber ihm stiegen leise Zweifel auf, ob sein Bruder nicht vielleicht doch Recht hatte. Der Tausch war zu leicht vor sich gegangen. Und Indianer sind schlau.

»Als ob ihm der Indianer kein Fleisch gegeben hätte«, sagte Francis.

»Nun, das wird sich zeigen«, sagte John kurz angebunden.

Da sah er Mathilde kommen. Sie musste ihm helfen. Sie freundete sich ja immer gleich mit jedem Tier an. Mathilde trug eine viel zu schwere Schüssel mit Suppe, die ihr die Nachbarin gegeben hatte. Aber kaum sah sie John mit dem Hund, da lief sie zu ihnen. Die Schüssel stellte sie ins Gras, dicht vor den Hund, der sie gierig leer schleckte. Frau O'Connel warf schreiend die Arme in die Luft, aber da war es schon zu spät. Mathilde stand dicht vor dem Hund und sah ihn freundlich an. Dann legte sie ihm sanft eine Hand auf den Kopf. Das erlaubte er. Sie kniete sich vor ihn hin und legte einen Arm um seinen Hals. Der Hund setzte sich. So blieben sie eine Zeit lang beisammen. John gab Mathilde den Riemen. »Bring ihn zum Wagen«, sagte er.

»Wie heißt er?«, fragte Mathilde.

»Der Indianer nannte ihn Schongoscha«, antwortete John, »ich möchte ihn Oskar nennen.«

»Oskar!«, flüsterte Mathilde dem Hund zärtlich ins Ohr.

»Führ ihn jetzt zum Wagen«, sagte John noch einmal.

»Gut«, antwortete sie. Sie stand auf und ging zum Wagen. »Komm, Oskar«, sagte sie. Der Hund folgte ihr mit schleifendem Riemen.

Diesen Abend schlief Mathilde unter dem Wagen, den Hund neben sich.

Eine gute Stunde bevor die Sonne hinter den Hügeln aufstieg, begann das große Wagnis. Am Vorabend hatte John die jüngeren Kinder eingeweiht und ihnen auf die Seele gebunden beim Aufbruch keinen Lärm zu machen. Francis hatte den Weg erkundet: erst ein Stück nach Südosten, dann durch einen Morast auf felsigem Grund – da verwischen sich alle Spuren gleich wieder –, dann um einen Hügel herum und schließlich in die gewünschte Richtung, nach Nordwesten. Im Wagen ließ John einen Zettel zurück, darauf stand: »Ich bin mit meinen Geschwistern auf dem Weg zurück, in die Vereinigten Staaten. Wenn wir uns beeilen, erreichen wir Kit Carson noch in dem Trapperlager am Green River und können mit ihm gehen. John Sager.«

Das hatte er sich ausgedacht um die anderen irre-zuführen. Ihre Spuren führten nach Osten und dieser Brief gab die Erklärung dafür. Wenn man sie ver-folgte, würde man sie nicht finden.

John hatte es so eingerichtet, dass ihm für einen Teil der Nacht die Viehwache zufiel. Diese Zeit be-nützte er dazu, dem Ochsen und der Kuh hinter einem Gebüsch von hohen Pfefferminzsträuchern – in einiger Entfernung vom Lager – die Packsättel und die leeren Gepäcktaschen der Pferde aufzubinden. Es ging leichter, als er gedacht hatte. Unterwegs wollte er dann eine Art Schleppschlitten anfertigen, wie sie die Indianer bei Fort Laramie verwendet hatten – große Weidenkörbe, die von den Tieren zwischen Stangen gezogen wurden. Aber einstweilen musste es so ge-hen. Zum Glück waren die Tiere willig.

Bevor seine Ablösung kam, brachte er die Ge-schwister ein Stück weit auf den Weg. Lizzy trug er auf dem Rücken und Indepentia, warm eingepackt, in den Armen. In seinen Armen weinte sie nie. Überdies befürchtete er, Luise könne in der Dunkelheit auf dem unebenen Gelände stolpern. Francis trug ein Gewehr über der Schulter und ein anderes in der lin-ken Hand, mit der rechten führte er den Ochsen an dem Halfter. Luise führte die Kuh, Käthe hielt Ma-thilde an der Hand und der Hund Oskar blieb dicht hinter Mathilde, seine Schnauze an ihrer Schulter.

Die Kinder sprachen kein Wort und bewegten sich

so leise wie möglich durch die sich langsam erhellende Nacht. Die älteren Kinder waren sehr erregt, jedes Geräusch ließ sie zusammenfahren. Ein Hund bellte, etwas ferner brüllte ein Ochse, ein anderer antwortete ihm. Im Lager hörte man eine Kette klirren, ein anderer Hund begann zu bellen – mit klopfenden Herzen schlichen sie weiter. Der Mond stand tief am Himmel, die Sterne begannen zu verblassen. Bald würde die Sonne aufgehen. Wenn sie nur erst hinter dem Hügel wären und aus dem Blickfeld verschwunden.

Francis ging jetzt voran, sie wateten durch den Morast. Die Schuhe und Hufe sogen sich im Schlamm fest und verursachten ein leises schmatzendes Geräusch, wenn man sie herauszog. Braune, glatte Wasserschlangen schossen mit blitzschnellen Windungen davon.

»Huh!«, entfuhr es Käthe leise.

John drehte sich nach ihr um, seine Augen blitzten streng.

Sie gingen weiter.

Sobald sie hinter dem Hügel waren, übergab John Luise den Säugling und setzte Lizzy auf den Boden. »Wartet hier auf mich, ich bin bald wieder da.« Und er lief, so schnell er konnte, zum Lager zurück; aber er kam doch zu spät zur Wachablösung.

»Wo hast du gesteckt? Du warst nicht auf dem Posten«, brummte die tiefe Stimme des roten Pete.

»Ich bin hinter den Büschen eingeschlafen«, sagte John, sein Keuchen mühsam unterdrückend.

»Du bist mir ein feiner Wächter! Auf dich kann man sich verlassen! Marsch, zieh ab, schlaf dich in deinem Wagen aus, Muttersöhnchen.«

John ging zur Wagenburg. Die höhnischen Worte »Auf dich kann man sich verlassen« hatten ihn hart getroffen. Pete hatte Recht: Er war im Begriff sie alle zum Narren zu halten und ihnen vielleicht sogar Mühe und Sorgen zu bereiten. Aber etwas in ihm widersetzte sich seinem Schuldgefühl. Die Schuld lag bei ihnen. *Sie* waren dem gemeinsamen Vorhaben untreu geworden. *Sie* hatten *ihn* im Stich gelassen. Daher hatten sie selber ihn zu dem Betrug gezwungen.

Ärgerlich ging er quer über den Platz, stieß mit dem Fuß in die zertretenen Grasbüschel und die glühende Asche eines noch schwelenden Büffelmistfeuers. Zum letzten Mal kletterte er in den Wagen. Das war ein schwerer Augenblick. Drinnen war es stockfinster, fast konnte er die Hand nicht vor Augen sehen. Dennoch fühlte er, wie die Verlassenheit ihn aus jedem Winkel ansah. Ein Brocken saß ihm in der Kehle. Er starrte in die dunklen Ecken: Dort hatten Mutter und Vater krank gelegen – und dort waren sie . . . Er schluckte und schluckte, bekam den Brocken aber nicht hinunter. Es tat sehr weh. »Leb wohl, Mutter«, flüsterte er. »Leb wohl, Vater. Wir gehen alle zusammen nach Oregon. Adieu.« Dann wandte er sich jäh um und landete mit einem Sprung an der Außenseite der Wagenburg auf dem Gras. Dort setzte er sich lautlos in Trab.

Im Osten zeigte sich das erste bleiche Morgenlicht.

6

Der Schlangenfluss schneidet sich von Ost nach West ein gewundenes Bett durch die Rocky Mountains im heutigen Staate Idaho. Die Landschaft ist wild, großartig, gewaltig. Ein Mensch fühlt sich dort sehr, sehr nichtig inmitten von bodenlosen Abgründen, steilen Felswänden, gewaltigen Gipfeln; in der Tiefe aber erwarten ihn tückische Moraste und Treibsand. Unterhalb der Baumgrenze ist ein oft undurchdringliches Pflanzendickicht, über der Baumgrenze nackter grauer, seltsam geformter Fels, auf den sich höchstens Bergziegen wagen.

Heutzutage gibt es dort Autostraßen. Touristen fahren zu komfortablen Hotels, sie machen Klettertouren unter der Leitung erfahrener Bergführer. Ab und zu sorgt der Hotelwirt für ein »Lagerfeuer« mit Musik und Tanz. Es soll die Gäste daran erinnern, was sich hier vor hundert Jahren abgespielt hat.

Aber die einsamen Wanderer und Pelzjäger von einst, sie würden brüllen vor Lachen, wenn sie es sähen. Vielleicht auch würden sie fluchen. Vielleicht wären sie auch stolz und würden sagen: All das haben wir durch unsere Leistungen möglich gemacht. Wir haben diesen Landstrich entdeckt, durchwandert, auf Karten eingezeichnet. Viele von uns sind dabei hier zu Grunde gegangen. Nach uns sind Auswanderer hierher gekommen, tapfere Männer und Frauen, von denen so manche im Kampf gegen unüberwindliche Schwierigkeiten unterlagen. Aber die meisten blieben am Leben, sie haben die Rocky

Mountains überstiegen und jenseits davon Land gerodet. Sie haben Farmen gebaut, sie haben das Land bewohnbar gemacht.

Der Hotelwirt, der seinen Gästen Moskitonetze, kühle Getränke und jede Bequemlichkeit bietet, ist vielleicht der Urenkel des Mannes, der sich einen Weg durch die Bergwildnis gebahnt hat; der sich tagsüber nicht retten konnte vor der Hitze und den Fliegen- und Mückenschwärmen; der nachts frierend in seinem Schlafsack lag – denn dort gibt es schon im August Nachtfröste; der bei einem Lagerfeuer biwakierte, das die wilden Tiere fernhalten sollte; der vielleicht sogar einmal mit einem Grislybären Auge in Auge stand und doch mit dem Leben davonkam; der immer auf der Hut sein musste vor Indianern, die mit gellendem Kriegsgeschrei den Berghang herunterstürzen konnten; der Wild schießen musste um nicht zu verhungern und tagelang Durst litt, bis seine Kehle so ausgedörrt war wie brüchiges Leder.

Durch dieses Land irrten die Sager-Kinder.

Es war wirklich ein Irren, denn alles, was John wusste, war, dass sie dreihundert Meilen in westlicher Richtung durch das Schlangenflusstal ziehen mussten um das Pelzjägerfort Boisé zu erreichen. Er wollte, wenn irgend möglich, dem Fluss in der Tiefe folgen, weil es dort Gras für den Ochsen und die Kuh gab. Aber wo das Wasser grün und schäumend durch ein tief eingeschnittenes Tal zwischen steilen Felswänden strömte, mussten sie sich einen Weg über die Berge suchen. Manchmal fanden sie etwas wie einen Pfad. Sie wussten nicht, ob ihn Indianer oder wilde Tiere gebahnt hatten, und oft war er so schwer zu gehen, dass sie nur mit größter Anstrengung äußerst langsam vorwärts kamen.

Dazu kam noch der Durst. In der sengenden Hitze zwischen den grauen Felswänden lief ihnen der Schweiß über die Gesichter. Sie leckten sich die salzigen Lippen und wurden noch durstiger.

»Ich hab solches Bauchweh, John, und der Hals tut mir auch weh«, klagte Käthe.

Die tapfere kleine Mathilde mühte sich stumm weiter. Manchmal rollten ihr dicke Tränen über die Wangen. Sie leckte sie weg, aber Tränen sind salzig. Sie wurde bleich unter der sonnenverbrannten Haut und John sah mit Besorgnis die schwarzen Ringe unter ihren großen, dunkelblauen Augen. Sie wird Mutter immer ähnlicher, dachte er.

Die kleine Lizzy begann jeden Morgen mit Lachen und Springen, nachts schlief sie wie ein Murmeltier und sie war ein Quell der Freude für alle. Von den Gefahren merkte sie nichts, über Schwierigkeiten half man ihr so viel wie möglich hinweg, der erste und der letzte Wassertropfen gehörte ihr. Auch durfte sie sich mit Indepentia die spärliche Milch der Kuh teilen, die sich geduldig melken ließ, aber nicht genug Milch gab, dass jedes der Kinder auch nur einen halben Becher hätte trinken können.

Doch später am Tag, wenn die Sonnenstrahlen ununterbrochen auf ihr rotes Kopftuch brannten und sie müde wurde, verging ihr die gute Laune. Sie begann zu weinen, zu schreien, bis John, selber müde und durstig, sie mit zusammengepressten Lippen auf dem Rücken ein Stück weit trug.

Luise ging den ganzen Tag schweigend dahin. Sie klagte nie, aber sie lachte auch nie, ganz im Gegensatz zu Käthe, die manchmal sehr lästig war, aber im nächsten Augenblick lachen und tollen konnte, als spielte sie noch daheim auf der Farm wie einst. Am frühen Morgen, wenn es noch kühl war und Tau auf den Sträuchern lag, leckte sie die Blätter ab und warf sich der Länge nach ins Gebüsch. Dann machte Luise ein besorgtes Geischt und sagte: »Vorsichtig, hier sind vielleicht Klapperschlangen!« Käthe konnte vorausrennen um dann plötzlich hinter einem Felsblock hervorzuspringen. Dann rief Luise ärgerlich wie eine Alte: »Aber Käthe, hast du mich erschreckt!« Das hatte die Kleine doch gerade gewollt. John war Käthe dankbar für den Schabernack, der die innere Angst zurückdrängte.

An Francis hatte John die beste Stütze. Der Knabe hatte nicht so einen kräftigen Körper und eine solche Muskelkraft wie sein älterer Bruder, aber er war zäh, ausdauernd und mutig. Im Ernstfall war er vielleicht noch mutiger als John, der sich trotz all seiner Tüchtigkeit manchmal von den Umständen niederdrücken ließ. Francis niemals. Er blieb immer fröhlich und munter, ohne ihn hätte die Last der Verantwortung viel schwerer auf John gelastet.

So konnten die Brüder wengistens noch gemeinsam lachen. Sie lachten über die Kuh Anna und den Ochsen Walter, die so ungeschickt kletterten. Ging es über sehr steiles Gelände, dann holte John das Bündel Indepentia aus der Ledertasche, die an Walters rechter Flanke baumelte – links hing ein Wassersack aus Leder –, weil er fürchtete, Indepentia könne sich verletzen, wenn der Ochse ausglitt. Dann trug er sie lieber in seinen Armen. Aber Walter fiel nie. Auf irgendeine Art brachte er es immer wieder fertig sich trotz seiner Schwere auf den Beinen zu halten. Die Kuh kletterte gewandt und flink über den felsigen Boden. Mit ihrer rauen Zunge riss sie Blätter von den Sträuchern und manchmal kaute sie Baumrinde wie eine Berggeiß.

Aber auch sie brauchte Gras. Gras war für alle lebensnotwendig. Ohne Gras konnten die Tiere nicht leben und ohne die Tiere konnten sich die Kinder unmöglich mit Sack und Pack weiterschleppen. Und ohne die Kuh war auch Indepentia verloren.

Sobald es eine Möglichkeit gab, strebte John wieder zum Fluss hinunter, der größtenteils durch ein gewundenes, schmales Tal strömte. Dort wuchs Gras. Dort standen sogar große Bäume mit schweren Kronen. Aber das Unterholz war dicht, niedrige Weiden und Schlingpflanzen bildeten ein solches Dickicht, dass John nur mit größter Mühe für seine kleine Karawane einen Weg bahnen konnte. Häufig fanden sie gerade im Gestrüpp Pfade, denen sie folgen konnten – sie waren von Tieren gebahnt. Oskar lief dann immer schnüffelnd voraus und ständig hörte man Mathildes helle Stimme, die ihn zurückrief.

Manchmal nahm John den scharfen Geruch irgendeines wilden Tieres wahr. Dann dachte er nach, was für Tiere hier wohl vorbeikommen und wie sie sich verhalten würden. Er bemerkte vielerlei kleine Spuren, die von Kaninchen, Mardern und Opossums stammen mochten, und größere, vielleicht von Wildkatzen, Luchsen oder Waschbären? Gab es diese komischen, tückischen Gesellen auch hier? Hirsch- und Antilopenspuren sah er häufig. An Grislybären wagte er kaum zu denken, aber er wusste, dass es sie hier gab. Mit den Geschwistern sprach er nicht darüber, doch manchmal, wenn ihn die Angst übermannen wollte, musste er sich irgendwie befreien – dann begann er ganz laut zu pfeifen und das half.

Half es wirklich? Ganz sicher war er nicht. Eigentlich klang sein schrilles Pfeifen recht unheimlich in der dichten Wildnis, wo es so seltsam roch und wo man nie wissen konnte, welches Tier im nächsten Augenblick vor einem stand. Dann gab er das Pfeifen wieder auf. Warum waren die anderen auch so still? Ach, da begann wenigstens Käthe über Bauchweh zu klagen! Das klang so vertraut, fast, als ob sie wieder zu Hause bei Mutter wären. Bauchweh! Er wandte sich mit gefurchter Stirn um und sagte, sie solle aufhören mit dem Gejammer. Aber im Herzen war er ihr dankbar dafür.

Hier unten, im grünen Dämmerlicht des dichten Gestrüpps, herrschte nicht die brennende Hitze, die ihnen oben zugesetzt hatte; dafür war es dumpfig, drückend. Manchmal roch es moderig, Moskitos gab es auch – eigentlich wusste er nicht, was schlimmer war ... Manchmal flogen mit mächtigem Flügelschlag Raubvögel aus dem grünen Dickicht auf. Manchmal knackten die Zweige laut, das Laub raschelte, Tiere flohen mit angstvollen Sprüngen. Am Anfang erschraken die Kinder über all die Geräusche, dann gewöhnten sie sich daran. Aber John, der wusste, dass es hier nicht nur von kleinem, ungefährlichem Wild wimmelte, hielt sein Gewehr für alle Fälle schussbereit.

Ein Marschtag ging zu Ende, sie schleppten sich weiter. Vor Sonnenuntergang erlaubte John ihnen

nicht zu ruhen und ein Lager aufzuschlagen. Er war
so erfüllt von dem Gedanken, dass es für sie eine Le-
bensfrage sei ihr Ziel zu erreichen, bevor die herbstli-
chen Schneestürme einsetzten, dass er fast hart gegen seine Schwestern wurde. Auch gegen sich selber:
Wenn er immer wieder Lizzy auf dem Rücken trug,
bis er nicht mehr konnte, glaubte er manchmal, sein
Rückgrat breche entzwei.

Der schmale, zarte Francis, der mit kerzengera-
dem Rücken gleichmäßig dahinschritt, begann gegen
Abend immer mit Bemerkungen folgender Art: »Ich
sehe . . . Ich sehe . . . einen herrlichen Baum, darunter wächst dichtes, weiches Gras . . . Es ist gerade an
einer kleinen Bucht, das Wasser plätschert über
glatte Kiesel . . . Dort ist der Boden mit gelbem Sand
bedeckt und wir lassen die Füße ins Wasser hängen . . . Ich sehe auch flinke silberne Fische, die man
mit der Hand fangen kann, denn sie haben keine
Angst, weil sie die Menschen noch nicht kennen . . .
Luise brät sie für uns in der heißen Asche eines Holz-
feuers. Und sie streut ein bisschen Salz drauf
und . . .«

Weiter kam er nicht, aber jeder wusste genug. Das
Merkwürdige war, dass diese Selbstgespräche, die
Francis hielt, allen Mut einflößten, denn sie wussten,
dass so etwas möglich war. Vielleicht fanden sie bald
einen so köstlichen Platz um ihr Lager aufzuschlagen.

Eines Tages – sie wussten nicht mehr genau, der
wievielte Tag es war – fanden sie schon ziemlich früh
eine Stelle, die sich geradezu als Lagerplatz anbot:
einen großen, runden, freien Platz inmitten von ho-
hem Gebüsch. Das Gras war so dicht und weich und

grün wie selbst in Francis' schönsten Träumen nicht. Eine mächtige Silbertanne überragte das Gebüsch. Unten hatte sie viele dürre Äste, die das beste Lagerfeuer liefern würden. Der Fluss strömte dicht daran vorbei, ein Wildwechsel führte zu einer Tränke. Der Boden war weich und feucht, helle Sonnenflecken tanzten darauf.

Die Kinder sahen John flehend an. Sie weinten fast vor Müdigkeit und wollten brennend gern hier bleiben. Aber es war noch zu früh, das wussten sie, die Sonne stand noch nicht tief genug. Würde sich John dieses eine Mal erweichen lassen? Ihre Füße waren geschwollen und wund gelaufen, die Schuhe drückten. Sie waren so müde wie vielleicht noch nie in ihrem Leben . . .

»Ach John, bitte!«, flehte Luise.

Mathilde hatte sich ins Gras gesetzt und weinte. Oskar, der unruhig schnuppernd herumgelaufen war, kam jetzt zu ihr. Fancis sah seinen Bruder ununterbrochen an. Er war bereit jedem Befehl zu gehorchen, aber er sehnte sich schrecklich danach, auf dem Rücken zu liegen und die drückenden Stiefel auszuziehen. Luise hatte eine Salbe für die offenen Blasen (nur John und sie wussten, dass es ganz gewöhnliches Gewehrfett war).

John sagte kein Wort, doch er nickte. Die Tiere grasten schon, er nahm ihnen ihre schweren Lasten ab. Er klopfte Anna den Hals, wie er es früher mit seinem Pferd gemacht hatte. »Brav, brav!«

Dann brach er Äste von der Silbertanne und trug sie zu Luise – so mühelos waren sie noch nie zu Brennholz gekommen. Francis stapelte es auf, während Luise von dem letzten Fleisch des Hirsches, den

John vor zwei Tagen geschossen hatte, dicke Scheiben schnitt.

»Es wird Zeit, dass du uns wieder Wild bringst, John«, sagte sie besorgt.

»Darum mach dir keine Sorgen«, antwortete er. »Wenn's weiter nichts ist!«

Er hatte Recht, das Wild lief ihm manchmal geradezu vor den Gewehrlauf, sobald er sich ein wenig vom Lager entfernte.

Im Vergleich zu früher, als sie noch mit der ganzen Karawane reisten, war das Aufschlagen des Lagers sehr einfach. Jetzt kam es eigentlich nur darauf an, einen guten Platz zu finden und ein Feuer anzuzünden. Dann rollte sich jeder in seine Decke ein. Die Mädchen lagen nebeneinander auf einem Büffelfell, zu beiden Seiten John und Francis, die einander abwechselnd zur Wache riefen, wenn sie spürten, dass sie die Augen nicht länger offen halten konnten. Manchmal schliefen sie auch beide, im Vertrauen auf Oskar.

Gewöhnlich wählte John einen Lagerplatz am Fluss. Den Ochsen und die Kuh machte er gleich am Ufer fest. Die Kinder schliefen zwischen dem Fluss und der kleinen Barrikade, die er jeden Abend aus den Packsätteln und dem Gepäck errichtete. Das gab ihm ein Gefühl der Sicherheit. Er lud auch immer alle Gewehre. Das Zelt schlugen sie nie auf, dazu waren sie zu müde.

Als heute das Feuer brannte, ließ er die Geschwister unter dem Schutz von Francis und Oskar zurück. Francis trug an seinem Gürtel in Halftern zwei schwere Pistolen, mit denen er ziemlich gut umgehen konnte. Sein Schuss war zwar nicht ganz sicher, wirkte aber wenigstens abschreckend, wenn es darauf ankam. Drei geladene Gewehre lehnten aufrecht aneinander hinter der Barrikade. Es waren altmodische Hinterlader, die Ladestöcke lagen daneben.

Mit dem vierten Gewehr – dem besten und neuesten, das sie besaßen, eine Vorderladerbüchse – machte sich John auf den Weg, das Pulverhorn über der Schulter.

Er brauchte nicht weit zu gehen. Dicht vor sich auf dem schmalen Pfad sah er plötzlich eine prächtige Antilope mit runden, schwarzglänzenden Augen, bebenden Nüstern und langen, geraden Hörnern. Das Tier stand reglos mit erhobenem Kopf. Es fiel John immer schwer ein so schönes Tier zu töten, aber ihm blieb keine Wahl. Sein Vater hatte ihn gelehrt genau zwischen die Augen zu schießen. Er legte an, zielte und drückte in dem Augenblick ab, als der junge Bock mit den Hinterläufen zum Sprung ansetzte. Er fiel gleich tot um. Ein Zittern lief über das glatte braune Fell mit dem tiefschwarzen Streifen auf dem Rücken.

John ging zum Lagerplatz zurück. »Francis und Käthe!«, rief er. Die beiden sollten ihm helfen die Antilope zum Lager zu schleppen. Zum Glück war die Entfernung nicht groß.

»Pfui!«, rief Käthe.

Klatsch, da hatte sie eine Ohrfeige von John. Laut heulend packte sie das Tier bei einem Vorderlauf und begann zu zerren.

»Nein«, rief John ungeduldig, »hier, von hinten.«

Zusammen ergriffen sie die Hinterläufe und zogen das Tier zum Lager, der Kopf schleifte schlaff hintennach. Francis schloss die Augen, John schaute nicht hin, aber Käthe starrte gebannt darauf; sie fand es schrecklich und konnte doch den Blick nicht abwenden. Sie waren noch keine richtigen Kinder der Wildnis. Aber sie sollten es noch werden.

John nahm sein Jagdmesser und öffnete dem Tier rasch mit einem Schnitt die Schlagader. Das Blut schoss heraus, Käthe hielt den Topf darunter. Luise kochte ihnen immer Blutsuppe von frischem Wild. Ein bisschen Mehl hatte sie noch, doch es war fast zu Ende. John häutete das Tier und löste die Keulen. Jetzt fiel ihm die Arbeit nicht mehr schwer, es war gewöhnliches Fleisch geworden.

Luise machte sich mit den ledernen Wassersäcken auf den Weg zum Fluss. Auf dem feuchten Tierpfad mit den tanzenden Sonnenflecken umfing sie ein grünes Halbdunkel und es roch seltsam, fast faulig. Sie kam zum Fluss. Breit und dunkel strömte er mit starkem Gefälle vorbei an hochragenden Felsspitzen und üppig bewachsenen kleinen Inseln. Sie schaute zur anderen Flussseite, zu dem steilen, dunklen, wild bewachsenen Nordufer. Sie sah zu ihren Füßen die kleinen Buchten mit dem klaren, flachen Wasser über gelbem, gewelltem Sand. Sie blickte nach rechts, nach Osten, von wo sie gekommen waren, aber die grauen Felswände waren hinter den hohen Weiden verborgen. Sie sah nach links, nach Westen, erst hinauf zu den kahlen Bergspitzen, von denen eine in der Ferne mit Schnee bedeckt war, dann hinunter ... Dort lag im Sand an einer kleinen Bucht – behaglich in der Sonne – eine riesige Bärenmutter mit drei Jungen.

Luise blieb fast das Herz stehen. Sie hatte nur einen Gedanken: unbemerkt weglaufen, ganz lautlos.

Aber sie stand wie gelähmt vor Entsetzen. Ein Zweig knackte. Langsam hob die Bärin den Kopf, sah sich um . . .

Luise ließ die Wassersäcke fallen und rannte, so schnell die bloßen Füße sie tragen wollten. Hinter ihr platschte die Bärin durch das seichte Wasser . . .

John war noch beim Zerteilen der Antilope, da hörte er plötzlich einen durchdringenden Schrei. Noch einen und noch einen, ganz nahe jetzt. Das musste Luise sein. Da war sie! Schreiend, die Arme vorgestreckt, so kam sie angerannt in dem unheimlichen Dämmerlicht zwischen dem Weidengestrüpp. Hinter ihr krachte es im Dickicht.

Ein Bär, ein gewaltiger, rötlichbrauner Grislybär! Der plumpe Leib zwängte sich so rasch wie möglich durch den viel zu schmalen Pfad. Die Bärin war vielleicht noch drei Meter hinter Luise, ein gefährliches Brummen kam aus ihrer Kehle. Wild stürzte sie vorwärts. Luise hatte jetzt den freien Platz erreicht.

»John, hilf mir!«, schrie sie.

John hatte schon das Gewehr angelegt, aber er zitterte und wagte noch nicht zu schießen. Die Bärin blieb einen Augenblick stehen, vielleicht durch das hellere Licht verwirrt, vielleicht durch das Feuer und die Menschen. Sie hob sich auf die Hinterbeine, mähte mit den gewaltigen Tatzen durch die Luft – ein haariges Ungeheuer, bereit zum Angriff.

Jetzt tauchten hinter ihr zwei der Jungen auf. Brummend und die weißen Zähne fletschend, schwer und wollig, so wackelten sie hinter ihrer Mutter her. Drei Bären! John stockte der Atem. Er hatte nur einen einzigen Schuss im Gewehr. Er biss die Zähne zusammen. Er musste die Geschwister retten!

Er gab Feuer. Gleichzeitig flog Oskar nach vorn, der riesigen Bärin an die behaarte Kehle. Er biss sich fest und ließ sich nicht abschütteln. Die Bärin schwankte, sie war getroffen, aber John wusste nicht wo. Francis schoss hintereinander seine zwei Pistolen ab. Eine Kugel traf das Tier am Kopf. Die Bärin brüllte, sie wollte den Hund abschütteln. Es gab einen Wirbel von weißen Reißzähnen, gekrümmten Pranken mit gelben Krallen, blitzschnellen Schlägen, Geknurr und Gebrumm. Der Hund heulte auf, ließ aber nicht los. Die Bewegungen der Bärin wurden träger. Oskar hing an ihrer Kehle, aus einer Risswunde auf seinem Rücken tropfte das Blut. Mit einem Gewehr, das ihm Francis gereicht hatte, schoss John noch einmal. Er traf die Bärin genau zwischen die kleinen, funkelnden Augen. Sie brummte und stürzte röchelnd vornüber auf Oskar, der sich jaulend unter dem Koloss hervorzuwinden versuchte.

»Francis, noch ein Gewehr!«, schrie John. Francis war wieder bereit. Es war höchste Zeit, denn jetzt näherten sich brummend die jungen Bären. Zwar hatten sie nicht die Angriffslust der Mutter, sie sahen fast kindlich verwundert und bestürzt drein, aber sie rochen Blut und waren gefährlich.

Die Tiere bewegten sich langsam und waren jetzt ganz nah – für einen kaltblütigen Jäger ein leichtes Ziel, nicht aber für einen zitternden Jungen. John legte das Gewehr an, das Francis ihm gereicht hatte. Er drückte ab und der vordere Bär brach zusammen.

Plötzlich begann Käthe zu schreien und Lizzy heulte mit. Jetzt erst wirkte sich bei ihnen die unerträgliche Spannung aus. Aber es war ein gefährlicher Augenblick, denn Johns Aufmerksamkeit wurde dadurch abgelenkt und der andere Bär entdeckte die Mädchen. Knurrend sprang er auf sie zu. Bevor jemand wusste, was geschah, zog Francis sein rotes Hemd über den Kopf und warf es dem Bären hin. Instinktiv hatte er das Richtige getan. Der junge Bär sprang darauf los, schlug seine Zähne hinein und riss das Ding in Fetzen. Dann hob er wieder den Kopf. Doch inzwischen hatte John den dritten Hinterlader ergriffen und legte wieder an. Er feuerte – jetzt wankte auch das dritte Tier. Mit kläglichem Brüllen fiel es zu Boden, keine zwei Meter vor der kreidebleichen Mathilde.

Die Gefahr war vorüber. Käthe und Lizzy beruhigten sich allmählich. Aber jetzt ließ sich Luise vornüber ins Gras fallen und schluchzte. John ließ die Arme sinken, abwesend blickte er auf die drei toten Tiere. Er durfte dankbar und stolz sein, aber ihm war nicht danach zu Mute. Die Knie zitterten ihm. Er schloss die Augen, die ihn schmerzten. Am liebsten hätte er auch die Ohren geschlossen. Er sehnte sich nach Stille, nach Ruhe.

Francis ging als Einziger zu Oskar, der leise winselnd noch unter der toten Bärenmutter lag. Immer wieder hob er den Kopf, aber er konnte sich nicht befreien. Mathilde folgte Francis mit den Augen. Plötzlich sprang Francis rückwärts, blickte sich ratlos um, rannte zu der toten Antilope und packte eine der Keulen. Damit lief er zurück. Da entdeckte auch Mathilde den dritten kleinen Grislybären, der gemütlich durch den grünen Tunnel angezottelt kam, einmal hier, einmal dort schnuppernd, auf seinen dicken, weichen Pfoten drollig wackelnd.

Bevor das nichtsahnende Tier seine tote Mutter

erreicht hatte, warf ihm Francis die blutige Keule zu. Brummend sprang der kleine Grislybär darauf los und schnappte danach. Er schlug die Zähne hinein, drehte sich um, wackelte mit seiner Beute zurück und verschwand.

John hatte reglos zugesehen.

»Das war ein Glück«, sagte er, »denn wir haben kein geladenes Gewehr mehr.«

»Ich wusste es«, antwortete Francis ruhig. Er hob sein zerfetztes Hemd auf und sah es ärgerlich an. Mit den Zehen kitzelte er Luise.

»Du, hör mal, muss ich diese Lumpen wieder anziehen?«

Luise setzte sich auf. Sie lachte einen Augenblick, dann sah sie wieder besorgt drein.

»Ich gebe dir ein anderes«, sagte sie mütterlich und ging zu dem Gepäck.

»O weh«, erinnerte sie sich plötzlich, »die Wassersäcke!«

»Wo sind sie?«, fragte John.

»Beim Fluss«, antwortete sie beschämt.

Wortlos lud John alle Gewehre wieder. Dann schlich er geräuschlos den Pfad entlang und kam bald darauf mit den kostbaren Säcken zurück.

An diesem Abend schleppten sich die Kinder bis tief in die Dämmerung weiter. Keines von ihnen wollte die Nacht an dem Platz verbringen, wo die drei toten Bären lagen. Als sie weggingen, kreisten schon Aasgeier vor dem blassgrauen Abendhimmel über der Stelle. John und Francis trugen gemeinsam in einer Decke den verwundeten Hund. Er war eine bleischwere Last.

Mehr als eine Meile zogen sie noch weiter, die geschwollenen, schmerzenden Füße in Streifen roten Flanells aus Francis' zerrissenem Hemd gewickelt. Ihre Stiefel hatten sie zusammengebunden und sich um den Hals gehängt.

Das Gebüsch lichtete sich. Als sich endlich eine schmale Ebene vor ihnen auftat, beschlossen sie, dort ihr Lager aufzuschlagen. Kleine Bäche rauschten von den Bergwänden herab. Noch beim Einschlafen hörten die Kinder das Plätschern wie ein tröstendes Lied.

7

Sie zählten die Tage und Nächte nicht mehr. Sie gingen und gingen, Wochen hindurch. Die Nächte wurden länger, finsterer, kälter. John betete im Stillen, dass sie unten am Fluss bleiben könnten. Dort hatten sie wenigstens Gras und Wasser.

Das Wild wurde seltener. Die aufragenden Bergwände zu beiden Seiten des Flusses wurden drohender, düsterer, steiler. Hunger litten sie nicht, John schoss immer noch etwas. Ihren Vorrat an Speck und gedörrtem Fleisch hatten sie noch nicht einmal angebrochen. Manchmal litten sie Durst, wenn sie sich auf dem hohen Uferrand weiterschleppten und nicht ans Wasser gelangen konnten. Aber dann fanden sie ab und zu in Felsbecken ein bisschen stehendes Wasser, über dem die Mücken tanzten. Sie schöpften es in ihre Wassersäcke, Luise kochte es im Kessel und wenn sie durstig waren, tranken sie das fade, lauwarme Zeug.

Oskar hatte sich von seinem Kampf mit der Bärin erholt. Nach dem Abenteuer hatten sie drei Tage gerastet, viel geschlafen und gegessen. Das hatte ihnen gut getan. Aber jetzt waren sie schon wieder lange unterwegs, furchtbar lange . . . Walter wurde sichtlich schwächer, aber noch immer trug er gutmütig seine Last. Manchmal knickten ihm die Knie ein, aber er raffte sich immer wieder auf und trottete brav weiter. An seinem Hals hing die Haut in weiten, schlaffen Falten und seine Schulterknochen stachen fast durchs Fell. Auf dem Rücken, wo ihn der schlecht sitzende Packsattel scheuerte, hatte er offene Wunden. Luise schmierte sie abends oft mit Gewehrfett ein und John schob beim Aufladen trockenes Moos unter die Riemen.

Die Kuh Anna hielt sich prächtig. Sie wurde magerer, doch auch beweglicher und flinker. Immer noch gab sie Milch. Independentia wurde davon nicht dicker, aber sie wuchs. Ihr Gesicht und ihre Händchen waren geschwollen von Mückenstichen. Oft fuchtelte sie unruhig mit den kurzen Ärmchen durch die Luft, aber sie konnte die Mücken nicht vertreiben. Manchmal jammerte sie zum Erbarmen, dann schlief sie auch wieder viele Stunden hintereinander.

Luise ließ Käthe jeden Abend Windeln waschen, das heißt, wenn sie Wasser hatten. Hatten sie keines, wurden die Tücher über Sträucher gehängt oder auf dem Boden ausgebreitet. Dann mussten eben der Tau und die ersten Sonnenstrahlen genügen um sie zu waschen und zu bleichen. Indepentias Rücken und ihre Beinchen waren feuerrot. Luise behandelte auch sie mit Gewehrfett. »Was machen wir, wenn es aufgebraucht ist?«, fragte Luise eines Tages.

»Keine Sorge«, erwiderte John. An diesem Tag schoss er zwei Bergziegen und brachte ihr die fettesten Stücke und die Talgdrüsen. Luise schmolz das Fett aus und erhielt eine dicke, gelbliche Paste, die wohl stank, aber ihren Zweck erfüllte.

Die Kinder magerten ab. Die Haare fielen ihnen über die Schultern, die Kleider hingen in Fetzen, Luise flickte nichts mehr. Aber sie versuchte Mokassins zu nähen, wie sie es bei den Indianerinnen gesehen hatte. Sie nahm Hirschhaut dazu und nähte sie mit weichgekauten, gespaltenen Sehnen. Doch die Arbeit ging ihr schlecht von der Hand, sie hatte noch nicht das erste Paar fertig. Die Kinder trugen immer noch ihre alten Stiefel, aber John hatte bei allen vorn die Kappen abgeschnitten, weil ihre Füße so geschwollen waren und so sehr schmerzten. Morgens konnten sie die Schuhe überhaupt nur anziehen, wenn sie sie triefnass machten, damit das Leder weich und geschmeidig wurde. Im Laufe des Tages trocknete es und wurde hart. Abends beim Ausziehen blieben oft ganze Hautfetzen am Leder kleben. Dann gab es viele Tränen und Francis gebrauchte nie so viele lange und seltsame Wörter wie beim Ausziehen seiner Stiefel. John blieb schweigsam wie immer.

Je schwieriger die Lage wurde, desto strenger war er zu den Kindern. Sie bekamen Angst vor ihm und das merkte er. Es tat ihm weh, aber er änderte sein Benehmen nicht. Er *musste* ja streng sein, sonst

würde sie der Schnee hier im Schlangenflusstal über-
raschen, bevor sie ihr Ziel erreichten.

Es gab jetzt schon Nachtfröste. Zum Schlafen
krochen die Kinder nahe zusammen, jedes war in
seine Decke gewickelt und das Zelttuch über alle ge-
breitet. Im Westen waren die Bergkämme mit
Schnee bedeckt, man sah immer mehr weiße Spitzen.
Sie mussten weiter. Mit Drohungen und bösen Worten trieb er sie vorwärts. Und sie gehorchten, denn
ohne John waren sie verloren. Aber sie fürchteten
ihn von Tag zu Tag mehr und zogen sich von ihm
zurück. Sogar Francis begriff ihn manchmal nicht.
Die Kinder merkten nicht, dass er von sich immer
noch viel mehr verlangte als von ihnen. Er sah von
allen am schlechtesten aus, sein verwildertes, ausge-
blichenes Haar hing ihm in das graue, knochige Gesicht mit den tiefliegenden Augen. Sein Körper bestand nur noch aus Muskeln, Haut und Knochen.
Doch die Kinder merkten nur, dass er düster blickte,
streng und hart. Trotzdem suchte Mathilde noch
manchmal seine Hand und sie konnte zu ihm aufse-
hen mit einem Blick, der sagte: »Bitte, John, sei lieb.
Lach doch einmal!« Aber er konnte nicht lachen.

Oft nahm er zum Trost Independia in seine Arme.
Dann ging er den anderen voraus, den Säugling ans
Herz gedrückt. Er entdeckte, was wenige Knaben
seines Alters wissen: wie unschuldig die Augen eines
ganz kleinen Kindes sind, die nichts als Gutes zu erwarten scheinen und darum in den Menschen das
Beste wachrufen. So erweckten auch Independias
vertrauensvolle graue Augen in John das Beste. Er
fühlte sich einsam und die Aufgabe, die er auf sich
genommen hatte, war viel zu schwer.

Noch heftiger vielleicht als die anderen sehnte John sich nach der Stütze und der Liebe von Vater und Mutter. Aber einmal stolperte er beim Gehen über einen Stein und fiel mit der Kleinen hin. Seitdem nahm er sie nur in die Arme, wenn sie dort sicherer war als in ihrem Schaukelsack an Walters magerer Flanke.

Das schmale, eingeschlossene Tal wurde feuchter, fast sumpfig. Für die Füße war das eine Erholung. Die Schuhe blieben den ganzen Tag weich, die Füße kühl. Aber die schweren Tiere hatten Mühe sich vorwärts zu schleppen.

Eines Tages verbreiterte sich das Tal. Das Rauschen des Wassers klang lauter. Es war, als ob die Berge zurückwichen. Am Ende eines langen Marschtages standen sie vor einem schmalen Nebenfluss, der sich in spitzem Winkel mit dem Schlangenfluss vereinigte, welcher in nordwestlicher Richtung abbog. Die Ufer waren breit und grün, das überall am Ende dieses trockenen Sommers seichte Wasser strömte schnell in das wildere des Schlangenflusses ein. Schön war es hier, da standen sogar rauschende gelbe Schilfbüschel mit dunkelgelben Wedeln, die glänzten und aufleuchteten, wenn der Wind darüberstrich.

Die Gesichter der Kinder hellten sich jetzt auf – hier war es viel freundlicher als in dem finsteren und engen Schlangenflusstal.

»Hier ist der Boden zu feucht zum Lagern«, sagte John. »Wir wollen bis zu den Zedern unter dem Berghang zurückgehen. Morgen überqueren wir den Nebenfluss. Wir müssen dem Schlangenfluss weiter folgen.«

Am nächsten Morgen erwachten sie erfrischt. John schoss rasch drei Kaninchen, Luise briet sie und streute eine Prise Schießpulver darüber – ein armseliger Ersatz für Pfeffer und Salz; aber es war doch ein köstliches Frühstück.

John ging als Erster in den Fluss um eine Furt zu suchen. Er nahm an, dass ihm das Wasser nicht weiter reichen würde als bis zu den Knien. Trotzdem band er sich eine Leine um den Leib und gab das Ende Francis in die Hand. »Man kann nie wissen«, sagte er.

Er ging über das schlammige Ufer zum Wasser und bahnte sich einen Weg durch das dichte Ried, vorsichtig, denn die Ränder waren messerscharf. Der Boden bestand aus festem grauem Sand, aber kaum blieb der Knabe stehen, da schloss er sich wie Klammern um seine Zehen und Fersen. John zog die Füße rasch heraus und rief nach hinten: »Treibsand!« Mit kurzen, raschen Schritten kam er langsam vorwärts. Das Wasser reichte ihm jetzt bis zu den Knien, höher kam es nicht. »Es ist überall ungefähr gleich tief«, rief er über die Schulter, »aber überall wird wohl Treibsand sein.«

Er trippelte immer weiter, blieb nie einen Augenblick stehen. So sahen ihn die Kinder drüben ankommen. Dort war das Ufer etwas höher und dichter bewachsen. Er schlang die Leine um eine rote Weide und ging wieder zurück. An diesem Ufer wuchs das Schilf als dichter Streifen. Er nahm sein Jagdmesser heraus und bahnte mit heftigen Schlägen einen Weg hindurch. Das dauerte ziemlich lange und als er endlich damit fertig war, bluteten seine Arme aus vielen kleinen Schnittwunden.

Als er zu den Geschwistern kam, schaute Luise auf seine Arme. »Zu scharf für die Kleinen«, sagte er nur.

»Francis und ich tragen das Gepäck hinüber«, erklärte er nach einer Weile. »Es wird schon schwer genug sein die Tiere unbelastet hindurchzubringen, sie sind zu schwer.«

Francis durchschritt das eiskalte Wasser dreimal, John sechsmal, immer schwer beladen, ohne einen Augenblick anzuhalten.

»Jetzt die Tiere.« John schnalzte mit der Zunge um sie herbeizulocken. Vertrauensvoll kamen sie auf ihn zu. Er klopfte ihnen den Hals, streichelte ihre Schnauzen. Zu Francis sagte er: »Du musst zwei kräftige Gerten schneiden.« Er hörte nicht auf die Rinder zu streicheln und zu klopfen. Es war, als wollte er sie im Voraus um Verzeihung bitten für das, was er ihnen würde antun müssen. Sobald Francis mit den Gerten kam, wurde Johns Gesicht wieder hart und starr. »Sie dürfen keinen Augenblick still stehen«, sagte er. »Wir müssen sie so schnell wie möglich durchjagen.«

»Wäre es nicht besser, wenn Mathilde zuerst hinüberginge und sie von drüben riefe?«, schlug Luise vor.

Das war eine gute Idee. Also die kleinen Kinder zuerst. John trug Indepentia, Francis nahm Mathilde und Lizzy an die Hand. »Nein«, sagte John heftig, »Lizzy trage ich auch hinüber, sie muss noch warten. Denk daran, Mathilde, du musst ständig mit den Füßen trippeln, nie still stehen, nicht für einen Augenblick. Du gehst an der Leine entlang. Wenn dich der Boden festhält, packst du die Leine, verstanden?«

Das Kind nickte. Um sie hatte John eigentlich nie Angst, sie gehorchte immer aufs Wort, sie spürte auch fast unbewusst, was gefährlich war und was nicht. Jetzt trippelte sie mit ihren kleinen Füßchen brav durch das kalte Wasser, das ihr fast bis zum Bauch reichte, und gab keinen Laut von sich. Sie erreichten glücklich das andere Ufer. John riss rasch ein dürres Grasbüschel ab und begann Mathilde trockenzureiben. Sie nahm es ihm aus der Hand. »Das kann ich selber tun«, sagte sie und rieb, bis ihre Beine feuerrot waren. Es machte ihr Spaß und sie lachte hell auf.

John und Francis schleppten sich wieder an der Leine entlang zurück. Es waren schon mehrere Stunden vergangen und die Sonne stand hoch am Himmel. John war müde. Am anderen Ufer befahl er Luise und Francis: »Ihr beiden nehmt jetzt Anna und Walter bei den Halftern, ich gehe mit den Gerten hinterher. Käthe und Lizzy bleiben so lange hier, bis ich sie hole.«

Schon beim Schilf begannen die Tiere zu zögern, aber ein Hieb auf die Hinterbeine half augenblicklich. Beim Wasser zauderten sie nicht. Erst als sie merkten, wie der heimtückische Sand ihre Hufe festhielt, wurden sie unsicher. John schlug mit beiden Gerten links und rechts, immer an ihre Beine. Francis und Luise zogen, so fest sie konnten, ständig trippelnd. Mathilde rief von der anderen Seite: »Komm, Anna! Komm, Walter! So kommt doch, Anna und Walter!« Die Kuh stieß ein angstvolles Gebrüll aus, aber sie kam. Und es ging auch weiter gut. Als sie über die Mitte hinaus waren, brauchte John die Tiere fast nicht mehr zu schlagen. Ihre Flanken bebten vor

Anstrengung und blinder Angst vor einer unbegreiflichen Gefahr. Sie taten selbst, was sie konnten um rasch ans andere Ufer zu kommen. Alle fünf waren unbeschreiblich erleichtert, als sie die Böschung erkletterten.

John hätte sich gern auf den Boden geworfen wie damals, als er mit Clarus beim Überqueren des Nordplatteflusses beinah ertrunken war; aber jetzt war das unmöglich, er hatte zu viele Pflichten. Gleich ging er wieder zurück. Seine Füße, die erst vor Kälte geschmerzt hatten, waren jetzt gefühllos wie Eisklumpen. Und er war so müde, dass es ihn größte Mühe kostete sie immer wieder aus dem Sand zu ziehen.

Als er am anderen Ufer ankam, nahm er Lizzy auf den Rücken. Käthe befahl er hinter ihm zu gehen. Die Warnung, ja keinen Augenblick stehen zu bleiben, wiederholte er diesmal nicht. Es war ihm so selbstverständlich geworden, dass er nicht daran dachte, es Käthe noch einmal besonders einzuprägen.

Sie stapften ins Wasser. Lizzy war schwer. Er schleppte sich weiter ohne zurückzuschauen. Plötzlich – er selber war schon über die Mitte – hörte er hinter sich rufen: »John, soll ich dir einen schönen silbernen Fisch fangen?«

Er sah sich um. Da stand Käthe, über das Wasser gebeugt, die Hand lachend ausgestreckt.

Er fluchte. Die Füße ständig in Bewegung, blieb auch er stehen und rief wütend: »Willst du sofort hierher kommen, du ungezogenes Ding!«

Käthe sah ihn entrüstet an. War das der Dank für ihre Freundlichkeit? Sie wollte folgen, doch sie konnte nicht. Angst spiegelte sich auf ihrem erstaunten Gesicht. Du lieber Himmel, das war Treibsand! Sie hatte die anderen fortwährend trippeln sehen, hatte es auch John zu ihnen sagen hören. O Mutter! Sie zog und zog. Es ging nicht. Ihre Füße steckten wie in Eisenklammern. Der Sand hatte sich schon um ihre Knöchel geschlossen. »John!«, rief sie jammernd, »John, ich sitze fest.«

Der Knabe, der zuerst vor Wut errötet war, wurde kreidebleich. »Hältst du mich zum Narren?«, rief er heiser.

»Nein, wirklich nicht, John, es ist wahr!«, rief Käthe, die sonst immer gern neckte. Ein klägliches Lächeln flog über ihr Gesicht. Sie spürte, wie sie ganz langsam tiefer sank. Sie packte die Leine, die im Wasser lag, John hatte sie am verlassenen Ufer losgemacht. Käthe hielt die Leine für eine Stütze, aber er wusste, dass sie keine war.

»Francis«, schrie er, »nimm mir Lizzy ab!«

Francis ließ sich vom Ufer herab, er ging ins Wasser; die beiden Knaben liefen einander entgegen. John setzte das dreijährige, weinende Kind in das eiskalte Wasser. »Lauf, so schnell du kannst!« Francis nahm ihr Händchen, sie gingen. Am Ufer stand Luise mit etwas Rotem, das ein Hemd vorstellen sollte; aber es war wenigstens trocken.

Inzwischen hatte John die leise weinende Käthe erreicht. Er schlug die Arme um ihre Mitte und zog, zerrte, riss – so fest er konnte. Doch er hatte nicht viel Kraft, weil er seine Füße selber ständig in Bewegung halten musste. Der Angstschweiß stand ihm auf der Stirn, während er seine ganze Kraft einsetzte um zu ziehen, zu ziehen.

»Au, du drückst mich ja platt«, keuchte Käthe.

»Und es hilft gar nichts.« Ihre Stimme klang hoch vor Angst.

»Halt den Mund!«, schnauzte John sie an. Sein Gehirn arbeitete fieberhaft. Er sah ein, dass es so nicht ging, seine Kraft genügte nicht.

Mit schnellen Bewegungen begann er das schlaffe Seil einzuholen. Das Ende fischte er aus dem Wasser, wand es dreimal um Käthes schmächtigen Leib und machte dann einen dicken Knoten.

»Gleich wirst du einmal richtiges Bauchweh haben«, sagte er gutmütig spottend, als Trost für den Anschnauzer von vorhin. Dann verließ er die Schwester und schleppte sich fort ohne zurückzusehen.

Inzwischen wand Käthe sich hin und her. Es war ein abscheuliches Gefühl und es drückte sehr. Die Beine taten ihr weh, als ob man fest hineinkniffe. Sie zog und zerrte, aber es half nichts.

Plötzlich verlor sie das Gleichgewicht. Sie fiel hintenüber ins Wasser. John vernahm das Platschen, ging trippelnd zurück und half ihr wieder auf. »Zum Kuckuck, steh jetzt still!«

Er trippelte weg, so schnell er konnte, völlig erschöpft. In seinen Schenkeln stach es wie mit Nadeln. Endlich kletterte er wieder ans Ufer. Die anderen warteten angstvoll, keiner sagte ein Wort. Alle sahen John gespannt an. Sie waren es gewohnt, dass er immer einen Ausweg wusste, immer Hilfe brachte.

Er nahm das Seil, befahl Francis es von der roten Weide loszumachen um die es noch festgebunden war, und ging damit zu dem einzigen nicht zu

108

weit entfernten Baum auf der höchsten Stelle des Ufers. Er kletterte hinauf, legte das Seil über eine Astgabel und schälte mit dem Messer die raue Rinde ab – das Seil musste leicht darübergleiten können.

Jetzt rief er Walter. Mathilde und Francis zogen den Ochsen unter den Baum.

»Luise, den Riemen vom Packsattel!«, rief John.

Er band dem Ochsen den breiten Bauchriemen um und befestigte das Seil daran.

»Ziehen!«, befahl er. Er gab dem Ochsen einen Klaps. Der Ochse zog an, die Leine, die über die Gabel im Baum bis zu Käthe lief, straffte sich. Von allen Kindern angefeuert, zog der Ochse noch fester. Käthe schrie. Niemand kümmerte sich darum – natürlich schrie Käthe. Diesmal tat es wohl auch richtig weh. Die Leine schnürte sich fester um ihren Körper. Es war ihr, als würde sie zerschnitten. Aber ihre Füße schienen sich zu lösen, langsam, qualvoll langsam.

Der Ochse zog und zog, aber die Kinder am Ufer konnten nicht sehen, dass es half. Sie konnten nicht wissen, dass Käthe spürte, wie ihre Füße Millimeter um Millimeter herausgezogen wurden, dass sie nur nicht imstande war, es den anderen zuzurufen. Sie glaubte entzweigerissen zu werden. Jetzt stand sie nicht mehr, sie lag halb im Wasser. Sie spürte nicht mehr, dass es kalt war. Mit den Händen umklammerte sie krampfhaft das straffe Seil, ihre Knöchel waren schneeweiß.

Ratlos schauten die Kinder vom Ufer aus zu. Sie merkten keine Wirkung, so fest Walter auch zog.

»Katharina!«, schrie Luise vom Ufer. Sie fand, bei

diesem traurigen Anlass gebühre Käthe ihr voller Taufname. »Katharina, wenn du stirbst, werden wir immer an dich denken!«

»Aber ich sterbe nicht!«, kam es erbost zurück.

Sie waren so sehr daran gewöhnt, einander zu widersprechen, dass Luise schon »Doch!« rufen wollte, aber sie hielt es im letzten Augenblick zurück.

Käthe lag jetzt auf einem Knie, ihr Gesicht dicht über dem Wasser – ein furchtbarer Anblick für die Geschwister. Aber sie spürte, dass ihre Füße fast frei waren.

Der Ochse zog stetig weiter. Da plötzlich schoss er vorwärts, das Seil stand nicht mehr zitternd straff. Käthe wurde durch das seichte Wasser geschleift.

»Halt!«, schrie John und Francis zog das Tier an dem Halfter zurück. Walter stand still. Triefnass und schluchzend kam Käthe ans Ufer, unaufhörlich trippelnd. Alle streckten ihr die Hände entgegen um sie hinaufzuziehen. Oskar rannte laut bellend und schwanzwedelnd am Ufer auf und ab.

»Es war so schrecklich, so schrecklich!«, schluchzte Käthe. »Ich danke euch allen. Danke vielmals!«

Da war ein trockenes Tuch, da war die Sonne, da waren warme Hände mit dürren Grasbüscheln. Doch das genügte nicht. »Feuer machen!«, befahl John.

Außer Luise, die bei Käthe blieb, gingen alle Holz suchen, sogar die kleine Lizzy sammelte Zweiglein. Bald war ein großer Haufen zusammengetragen, das Feuer flammte auf. Käthe bekam wieder Farbe in der Wärme und sie schüttelte die Locken wie ein nasser Pudel.

»Siehst du jetzt, dass ich nicht gestorben bin«, sagte sie plötzlich zu Luise. Es klang schnippisch und alle lachten. So war Käthe.

8

Endlose Marschtage – gehen – gehen – gehen – immer weiter. Nahm es denn kein Ende? Würden sie nie ans Ziel kommen? Es sah so hoffnungslos aus. *War* es am Ende hoffnungslos? John wusste nicht mehr, was er denken sollte. Er wagte kaum sich umzudrehen, in die traurigen, mageren Kindergesichter hinter sich zu schauen. Kein Scherz, kein Lachen wurde laut, sogar Käthe und Francis waren schweigsam geworden. Sie gingen und gingen mit schneidenden Schmerzen in den Füßen, mit geschwollenen Beinen.

Vielleicht das Schlimmste war, dass Independia verwahrloste. Sie konnten ihre Windeln nicht mehr sauber halten. Ständig schwirrten Fliegenschwärme um ihren Hängesack, Gesicht und Händchen waren rot und verschwollen von Mückenstichen, die Augen nur noch Schlitze. Sie weinte jetzt stundenlang ununterbrochen, aber die Kinder hörten es nicht einmal mehr; sie waren daran gewöhnt.

Immer noch folgten sie dem Schlangenfluss – es musste wohl der Schlangenfluss sein, denn sie waren auf keinen anderen größeren Fluss gestoßen. Dennoch regten sich in John manchmal Zweifel. Mitunter meinte er wahnsinnig zu werden. Wenn er des Abends beim Licht des Lagerfeuers seine Geschwister ansah, erschöpft, oft auch hungrig und durstig, war er ratlos. Er hatte ihnen all das angetan. Jetzt musste er sie auch ans Ziel bringen. Er musste, musste . . .

Ja, sie folgten dem Schlangenfluss, aber das Tal wurde immer ungangbarer. Die Ufer waren hoch, felsig und steil, schon mehr als eine Woche konnten sie das Wasser nicht erreichen, obwohl sie es fortwährend rauschen hörten. Ab und zu waren mit Wasser gefüllte Felsbecken ihre einzige Rettung. Meist war es Oskar, der sie dorthin führte. Die lange Schnauze dicht am Boden, folgte er den Tierspuren zur Tränke. Wenn er Wasser fand, bellte er. Dann liefen John und Francis, so schnell sie konnten, mit den Wassersäcken hin.

Der kleine Trupp schleppte sich weiter. Ihre letzten Kleiderreserven rissen sie in Streifen und wickelten sie um die Füße. Darüber banden sie Fellstücke von Tieren, die John schoss. Aber er schoss nicht mehr viel. Auch die Tiere mieden diese unwirtliche Gegend.

John hatte Luise befohlen mit den Nahrungsmitteln äußerst sparsam umzugehen. Aber sie war ihm noch nicht sparsam genug, obwohl die Kinder oft hungrig schlafen gingen. Da nahm er die Verteilung selber in die Hand und seitdem fanden ihn die anderen noch strenger und härter als vorher.

Er hatte das erste und einzige Paar von Luises Mokassins bekommen. Er hatte sie angenommen, weil er meist drei- bis viermal so viel ging wie die anderen – auf Erkundung und zur Jagd. Aber die Mokassins waren auch schon wieder durchgelaufen. Da band er sie mit Büffelhautstreifen fest.

John fühlte den stummen Widerstand der älteren Kinder wachsen. Die Kleinen nahmen dieses Leben hin – wohl weinten sie manchmal jammervoll, aber sie kannten es nicht anders. Sie hatten so gut wie keine Erinnerung an früher; auch Mathilde hatte alles vergessen, sie war ein echtes Kind der Wildnis geworden. Erschöpfung, Hunger und Durst hatten alle früheren Eindrücke ausgelöscht. Aber bei den Größeren war es anders. Sie empfanden heftiges Heimweh nach dem Leben mit Vater und Mutter auf der Farm und später in der Geborgenheit des Ochsenwagens. Nur das Gute war ihnen in Erinnerung geblieben, nicht aber das viele Schwere, das es doch auch gegeben hatte. Bis Fort Hall waren sie auf Rosen gewandelt, so fanden sie; aber nachher ...

Sie machten John keine Vorwürfe. Hätten sie es nur getan! Hätten sie sich nur einmal offen aufgelehnt. Hätten sie ihm doch einmal all das vorgeworfen, was er sich selbst zum Vorwurf machte: seinen Eigensinn, seine Dummheit, seine Unwissenheit, seine Kurzsichtigkeit. Dann hätte er sich verteidigen können, dann hätte er sich auf Vaters Wunsch berufen können, seine Kinder in den herrlichen Tälern jenseits der Rocky Mountains aufwachsen zu sehen und Independia von Doktor Whitman taufen zu lassen.

Sie *mussten* sich ja durchschlagen. Sollte Independia als Heidenkind sterben?

So wanderten sie denn schweigend weiter. John gewahrte mit Schrecken, dass es aussah, als ob das Tal ein Ende nähme, als ob hohe Berge ihnen das

Weiterziehen verwehrten. Vielleicht strömte der Fluss dort durch eine Schlucht, durch die es für sie keinen Weg gab. Was dann? Zurück? Aber das war auch unmöglich. Hatten die anderen die gleiche Angst? Er wusste es nicht. Sie schwiegen.

Es kam ein Tag, da sah es aus, als müssten sie den Fluss verlassen. Breite Spalten zerschnitten den hohen Uferrand, wo Farne und Tintenbeersträucher wuchsen. Sie mussten ihnen ausweichen. Hohe Felsen nahmen ihnen die Aussicht. John ging voraus, er ließ die anderen warten. Das Gelände drängte ihn nach Südwesten. Er sah in die Sonne, das grelle Licht über den dunklen Bergen tat ihm weh in den Augen. Das Rauschen des Schlangenflusses wurde leiser, er entfernte sich immer mehr von dem Fluss, dem sie doch um jeden Preis folgen mussten. Doch ihm blieb keine Wahl. Jetzt ging er talwärts.

Da hörte er ein neues Rauschen, es kam von der anderen Seite. Und als er um eine Felswand bog, sah er plötzlich, etwa hundert Meter vor sich, einen weißen, schäumenden Wasserfall – es war ein schmaler Bach, der zwischen Bergen durch ein viel breiteres Tal floss. Neben dem Bach lief eine deutliche und ziemlich breite Spur durch das hohe grüne Gras. Es schien nicht unmöglich, dass hier Wagen gefahren waren, vielleicht vor langer Zeit. Aber eine Spur von Tieren, Indianern oder Pelzjägern war es zum mindesten.

Ihm schlug das Herz vor Freude. Das waren Zeichen menschlichen Lebens, neue Aussichten! Die Spur führte am Ufer weiter. Der Bach floss gewiss in den Schlangenfluss. Links und rechts erhoben sich Berge. John folgte der Spur, so schnell er konnte.

Bald hörte er nicht mehr den Wasserfall, sondern den Schlangenfluss rauschen. Er stieß einen lauten Pfiff aus, obwohl er wusste, dass die anderen ihn nicht hören konnten. Die Spur lief direkt auf den Fluss zu. Davor war ein großer, freier Platz, der wahrscheinlich oft als Lagerplatz gedient hatte. Er entdeckte noch Reste von alten Lagerfeuern, kahlgebrannte Stellen, wo Wind, Regen und Schnee die Spuren grauer Asche noch nicht völlig getilgt hatten. Hier, oberhalb der Mündung des Baches, musste es eine Furt durch den Schlangenfluss geben, denn die Spuren gingen am jenseitigen Ufer weiter. Sie konnten nur nach Fort Boisé führen. Und vermutlich waren sie nur wenige Tagereisen von dem Fort entfernt.

John ging zurück. Von dort, wo er den Wasserfall entdeckt hatte, eilte er fast schneller die Hänge hinauf, als er vorhin hinuntergeklettert war. Manchmal stand er still um zu pfeifen. Einmal schoss er vor lauter Freude seine Pistole ab, einfach in die Luft. Eine Hirschkuh sprang erschrocken aus dem Gebüsch. Er steckte die Pistole in den Halfter und legte die Büchse an. Das Tier stand reglos und schaute rückwärts. Da sah John ein kleines gesprenkeltes Jungtier, das mit eckigen Sprüngen zur Mutter kam. Er ließ die Büchse sinken. Er hatte nicht das Herz zu schießen. Gewiss gab es hier noch mehr Wild.

Als er bei den anderen ankam, die geduldig auf ihn warteten – Lizzy hatte sich das Gesicht mit Tintenbeeren verschmiert –, erkannten sie ihren John fast nicht wieder. Er sah so fröhlich aus, so hatten sie ihn seit Wochen nicht gesehen.

»Ich habe eine Spur gefunden«, sagte er. »Und hier gibt's auch Wild. Und morgen gehen wir über den

Fluss.« Die Aussicht auf einen Flussübergang entzückte die anderen nicht gerade, aber Johns gute Laune gab ihnen neuen Mut. An diesem Abend aßen sie Kaninchen- und Hirschfleisch, so viel sie wollten, und frisches Süßwasser gab es in Hülle und Fülle. Ein großes loderndes Feuer sorgte dafür, dass sie nicht froren, und alle legten sich mit vollem Magen zur Ruhe.

Am nächsten Morgen wurde Indepentia gründlich gesäubert. Sie schrie erbärmlich, während Luise die Schmutzkrusten mit warmem Wasser aufweichte und ihr geschwollenes Gesicht mit kaltem Wasser kühlte. John, der sonst nie eine Minute Zeit verlor, stand daneben und schaute zu wie ein besorgter junger Vater. Grundgütiger, wie schmutzig sah das Kind aus! Und wie sehr war es abgemagert, seit er es zum letzten Mal richtig angesehen hatte. Die rotgeriebene Haut lag wie ein loses Fell um den kleinen Brustkasten, das Bäuchlein aber war rund und dick, im Gegensatz zu den dünnen Beinchen mit den vielen weiten Hautfalten. Das Kind hatte auch wunde Stellen, die nicht sauber zu kriegen waren.

Nach dem Frühstück, das aus Hirschfleisch bestand, überquerten sie den Fluss ohne jede Schwierigkeit. Das Wasser des Schlangenflusses strömte schnell, schäumend brauste es um herausragende Felsspitzen; aber es war nicht tief und an dieser Stelle gut zu durchwaten – lange nicht so tückisch wie der scheinbar unschuldige Treibsandfluss, an den sie so böse Erinnerungen hatten.

»Ein wahres Glück, dass wir hier hinübergehen konnten«, sagte Francis, als sie sich am anderen Ufer bei einem Feuer wärmten. »Seht nur dorthin!«

Tatsächlich zwängte sich der Schlangenfluss zwischen den Bergen durch einen engen Spalt, es rauschte ein Wasserfall. Zu beiden Seiten ragten aus dem schäumenden Wasser fast senkrechte Felswände hoch zum tiefblauen Himmel, wo die Gipfel beschneit waren.

Es war ein dicht bewachsener Pfad, auf dem sie weitergingen, aber tatsächlich ein Pfad. Man hatte den Weg durch das schwierige Gelände gut ausgesucht, er schlängelte sich fortwährend steil aufwärts.

Sie stiegen weiter.

Eine Schwierigkeit, über die keiner sprach, die alle aber immer mehr bedrückte, war die Tatsache, dass sie sich weiter und weiter vom Wasser entfernten. Und auch stehendes Wasser fanden sie nirgends. Ihr Vorrat war nur noch gering. Die Tiere litten am meisten. Dem Hund, dem Ochsen und der Kuh hingen die Zungen wie trockene Lederlappen aus dem Maul. Dem Ochsen ging es am schlechtesten. Schon zweimal war er beim Klettern gestürzt. Die Kuh riss heisshungrig alle grünen Pflanzen ab, die sie sah. Noch immer gab sie Milch genug für die beiden Kleinsten. Independia war nach der großen Säuberung krank geworden, sie erbrach alles, was sie zu sich nahm. Es war schrecklich, das armselige Häufchen in den schmutzigen Tüchern anzusehen. Unaufhörlich wimmerte sie schwach. Wenn sie manchmal einschlief, bekam John plötzlich Angst, sie könnte tot sein.

Drei Tage ging es so weiter. Dann war der letzte Wassersack nur noch halb voll. Luise verteilte den Inhalt löffelweise unter Johns Aufsicht. Er war strenger als je. Alle Kinder hatten dicke, aufgesprungene Lippen. Sie leckten ständig mit der Zunge darüber, doch davon wurde es nur schlimmer. Auch ihre Zungen schwollen an und schmerzten und die Kehlen waren ausgedörrt.

»Wenn wir bis morgen Abend kein Wasser gefunden haben, gehen wir übermorgen zum Fluss zurück«, sagte John tonlos. Das hatten die anderen schon früher vorgeschlagen, aber damals hatte John nichts davon wissen wollen. Wie sollten sie denn ihr Ziel erreichen? Mehr Wasser, als sie diesmal vom Fluss mitgenommen hatten, konnten sie nicht schleppen. Jetzt aber sah auch er sich bald zum Umkehren gezwungen, obwohl er wusste, dass ihre Sache dann so gut wie verloren war.

An diesem Abend betete John um Wasser. Er betete aus tiefstem Herzen, so inbrünstig, so flehend und eindringlich wie noch nie in seinem Leben. Früher hatte er gebetet, weil Vater und Mutter es ihn gelehrt hatten, aber es war ihm nie so wichtig erschienen. Er hatte gegessen, getrunken, geschlafen und gebetet – nun ja, weil das eben dazugehörte. Nach dem Tode der Eltern hatte er es dann vergessen. Nur Luise hatte er noch ab und zu beten sehen, aber auch nicht mehr lange: Zu viel anderes hatte die Kinder in Anspruch genommen. Aber jetzt dachte er plötzlich daran, er wusste nicht, wieso. Das Bedürfnis zu beten hatte sich auf einmal gemeldet wie ein Ausweg, ein Hoffnungsstrahl in der furchtbaren Düsternis. Und jetzt lag er auf den Knien, ein Stück von den anderen entfernt, mit dem Rücken zu ihnen, und betete: »Großer, guter, lieber, bester, mächtiger Gott, gib uns Wasser, gib uns Wasser! Gib uns Wasser, gib uns doch bitte Wasser. Wir haben solchen Durst. Lieber, guter Gott, bitte, bitte!«

Kniend sank er zusammen, die Hände gefaltet, den Kopf auf dem harten Boden, er flüsterte nur noch: »Wasser, bitte Wasser, Wasser . . .«

In dieser Nacht schliefen die Kinder trotz allem, so erschöpft waren sie. Beim Erwachen hatten sie das Gefühl, die Zunge klebe ihnen am Gaumen fest. Sie schluckten und schluckten. Der Himmel leuchtete rot im Sonnenaufgang, seltsame Federwolken zogen auf. Die Landschaft, durch die sie jetzt wanderten, war offener als bisher, sie waren schon hoch gestiegen. Im Osten und im Norden sahen sie die dürre Schlangenhochebene mit Hügeln und Tälern, im Westen waren die Berge höher, hier und dort zeigten sich beschneite Gipfel – es war ein fantastisches Bild in Schwarz und Weiß. John maß mit den Augen den Abstand zum nächsten Schneegipfel, obwohl er wusste, dass er nicht die Kraft hatte ihn zu erreichen. Schnee – geschmolzener Schnee war Wasser. Seine Zunge fuhr über die rauen Lippen.

Rings um ihr Lager waren die Pflanzen dürr und trocken: nur wenig kurzes, fast braungelbes Gras, ein paar Disteln und höher oben ein Dickicht von ineinander verwachsenen Kaktuspflanzen mit dicken Blättern. Die Kuh lief darauf zu und wollte davon fressen, aber sie zerstach sich die Schnauze an den Stacheln. Das brachte John auf eine Idee. Er ging, schnitt mit seinem Messer die Stacheln von den dicken, fleischigen Blättern und nahm für jedes Kind ein Blatt mit.

»Für jeden ein Bonbon«, sagte er heiser, in einer ungeschickten Anwandlung zu scherzen.

Aber es war gar nicht so unsinnig. Alle kauten daran, lange und gründlich und sie bekamen außer einer bitteren, faserigen Masse ein wenig Saft in den Mund. Es half tatsächlich etwas. John ging wieder zu dem Kaktusdickicht zurück, schnitt so viele von den Stacheln wie möglich ab und gab die Blätter Anna. Auch Walter versuchte er dorthin zu bringen, aber das Tier lag kraftlos auf den Knien und konnte nicht aufstehen. Da schnitt John auch für ihn einige Blätter zurecht und brachte sie ihm. Aber Walter rührte sie nicht an, sondern sah nur mit traurigen Augen darauf. »Armes Tier!«, sagte John und strich über seine Nackenfalten – der Ochse war nur noch Haut und Knochen. Auch Oskar lehnte die Kaktusmahlzeit ab. Die Kinder aber kauten und kauten.

John betrachtete den Himmel. Was für seltsame Federwolken! Sie wurden immer größer. Und dort im Osten, über einer Reihe öder, schwarzer Bergkuppen, war der Himmel immer noch rötlich gefärbt. Dabei stand die Sonne schon ziemlich hoch.

In der Nacht hatte es zu wehen begonnen und während John, nach Südosten gewendet, gerade im Wind stand, spürte er, dass es jetzt stärker blies. Bekamen sie vielleicht Regen? Oder Sturm? War das die Bedeutung der Federwolken? Jetzt sahen sie fast wie Rauchwolken aus, dicke, gefiederte Ungetüme, die immer näher kamen, doch den Horizont nicht freigaben.

Es fiel ihm auf, dass die Tiere unruhig wurden. Selbst der apathische Walter hob die Schnauze in den Wind und schien zu schnuppern, immer wieder von neuem. John sah sich nach den Kindern um. Aber für sie gab es nichts als ihren Durst und ihre Abneigung gegen den heutigen Marsch. John konnte es nicht unterlassen immer wieder nach Osten zu schauen; er begriff nicht, was sich dort zusammenbraute.

Inzwischen begann er mit dem Aufladen, Francis half ihm ein bisschen, aber viel Kraft hatte er nicht. Den armen Walter mussten sie schlagen um ihn auf die Beine zu bringen – John hätte sich lieber selber geschlagen. Mathilde sah ihn strafend an. Ihr Gesichtchen bestand nur noch aus Augen.

Es war, als brächte der stets zunehmende Wind Nebel. Aber es war kein gewöhnlicher Nebel. Die Kinder begannen zu husten. Sie meinten, das komme vom Durst. Aber John wusste, dass es nicht davon kam. Nach und nach begriff er, was dort hinten vorging. Ein riesiger Waldbrand raste über die Berge und Täler, von Hügel zu Hügel, loderte auf der Schlangenhochebene. Der Wind wehte auf sie zu.

Endlich merkten alle Kinder, dass es Rauch war, was sie für Nebel gehalten hatten. Ihre Augen fingen an zu brennen. Aber sie sahen keine Flammen. Dafür war der Brand noch zu weit entfernt. Nur John wusste, was unvermeidlich kommen würde. Jetzt konnten sie nicht mehr zum Fluss zurückgehen, selbst wenn sie es wollten. Er trieb die kleine Karawane weiter, doch er brachte sie kaum vom Fleck. Er fluchte, wie es nur die gröbsten Männer unter den Auswanderern getan hatten. Er teilte Püffe aus, stieß Mathilde und Käthe rau vorwärts. Anna hatte er diesmal schwerer beladen als Walter, obwohl sie die Milchkuh war. Walter konnte sich kaum auf den Beinen halten. John nahm Lizzy auf den Rücken und so schleppten sie sich weiter – vorwärts, vorwärts.

Was blieb ihnen anderes übrig als zu gehen? Sie schleiften die Füße über den Boden ohne zu klagen. Nicht einmal zum Jammern hatten sie Kraft. John schaute oft zurück. Immer häufiger hustete eines der Kinder. Auch das Brennen in den Augen wurde schlimmer, der Rauch dichter.

»Es riecht wie ganz echter Rauch«, sagte Mathilde, die von allen die feinste Nase hatte.

John nickte.

»Aber wo sind denn die Flammen?«

John schwieg; bei sich aber dachte er: Es ist noch früh genug Angst zu kriegen, wenn ihr sie seht.

Jetzt flogen schon kleine Ascheflocken und selbst winzige Funken über ihre Köpfe. Immer noch war kein Feuer zu sehen. Es brannte hinter den Bergen, es musste ein Brand von gewaltigem Ausmaß sein. Wenn sich der Wind nicht legte oder wenn nicht plötzlich Regen fiel – ja, was dann? Was dann?

»Schau nur, John«, piepste Lizzys heiseres Stimmchen an seinem Rücken. Kaninchen rannten an ihnen vorbei, in derselben Richtung wie sie. Es werden wohl noch mehr Tiere kommen, dachte John. Es dauerte nicht lange, da hörten sie den Boden hinter sich dröhnen. Durch den Rauch konnten sie nicht weit sehen. Plötzlich tauchten drei große Tiere auf, hoch und breit. Sie galoppierten – das Männchen mit einem riesigen Geweih voran, dahinter das Weibchen und zuletzt ein Jungtier, nicht viel kleiner als das Weibchen. Elche! Sie rannten vorbei, nach Westen. Es kamen noch mehr Tiere, sie hörten das Stampfen, aber sie sahen fast nichts mehr.

Der Funkenregen wurde dichter, hinter dem Rauch vertiefte sich der rötliche Schein. Hätten sie freie Sicht gehabt, so hätten sie das Flammenmeer gesehen.

Was sollen wir tun?, dachte John ratlos. Was in aller Welt sollen wir tun? Alle Tiere fliehen, aber wir können nicht so schnell laufen. Wenn wir nur oberhalb der Baumgrenze wären, auf den kahlen Felsen, wo auch kein Gras mehr wächst, dann könnten uns die Flammen nicht erreichen. Aber der Pfad steigt nicht.

Sie folgten immer noch der Spur, die sogar jetzt noch deutlich zu sehen war.

»Wir verlassen die Spur«, befahl John. »Wir gehen geradewegs den Abhang hinauf.«

Niemand widersprach. Wozu auch? Was John wollte, geschah doch.

Sie kletterten und kletterten. John ging nicht mehr voran. Er befahl Francis hinaufzuklettern, komme, was da wolle. Er selbst ging hinterher um seinen Trupp anzutreiben. Vorwärts, vorwärts. Es machte ihm nichts aus, wenn jemand jammerte und stöhnte.

Das ist nicht wahr – es machte ihm schrecklich viel aus. Aber etwas anderes war ihm noch viel wichtiger. Sie mussten dem Feuer entkommen. Er entschloss sich den Kindern zu sagen, wie es um sie stand. Dann liefen sie vielleicht schneller. Kurz und grob sagte er: »Wenn einer verbrennen will, braucht er nur hier zu bleiben.«

Sie kletterten. Bäume sahen sie schon lange nicht mehr, nur Sträucher, aber ganz niedrige. Das Feuer kam näher. Der Rauch wurde erstickend. Er war wie ein dunkelroter Vorhang. Dahinter flammte es, dort loderten die harzigen Zwergfichten, die Sträucher, das dürre Gras, dort wurde alles verzehrt von den roten Flammen, es verbrannte zu schwarzer Asche. John schätzte den Abstand zu dem Brand auf weniger als eine Meile. Wie viel Zeit hatten sie noch? Eine Stunde, zwei Stunden? Es hing von der Stärke des Windes ab. Seit einer Weile hatte er nicht zugenommen. Gebe Gott . . . ! Sie stiegen, sie klommen – keuchend, schnaufen, hustend. Oskar lief ständig um alle herum, die Zunge hing ihm aus dem Maul. Anna, die Independia trug, kletterte tapfer. John war dem Tier so dankbar, dass er eine warme, fast brüderliche Zuneigung zu ihm empfand. Ab und zu streichelte er die Kuh, klopfte ihr den Rücken. Walter musste leider unbarmherzig mit dem Stock vorwärts getrieben werden, es war die einzige Möglichkeit ihn zu retten. Aber er keuchte zum Erbarmen.

Vorwärts, vorwärts. Lizzy wurde eine unerträglich schwere Last. Weiter, weiter. Der Boden wies jetzt kahle, felsige Flecken auf, aber sie bildeten nur kleine Inseln inmitten von niedrigem Strauchwuchs. Immerhin war es ein Anfang. Höher, höher. Sie sahen nicht weiter als ein paar Meter voraus. Tränen liefen ihnen aus den schmerzenden, rot umränderten Augen. Der Feuerschein hinter dem Rauchvorhang war Furcht erweckend. Seit einer Weile hörten sie ein seltsames Prasseln. Als es näher kam, merkten sie, dass es das Prasseln der Flammen war.

»Ich dachte, wir wären ausgetrocknet«, brachte Francis keuchend und hustend hervor, »dabei läuft mir der Schweiß aus den Poren!«

Kahler Felsboden, ab und zu noch ein Grasbüschel in den Ritzen – waren sie hier schon in Sicherheit? »Noch ein bisschen durchhalten«, drängte John. »Vorwärts! Nur noch ein kleines Stück!«

Der Felsboden blieb kahl. Wenn wir nicht im Rauch ersticken, kommen wir mit dem Leben davon, dachte John. Sind alle da? »Legt euch flach auf den Boden«, sagte er. Alle waren da. Nein, Walter fehlte. John rief, Francis rief, Mathilde rief. Kein Walter. »Ich kann ihn jetzt nicht holen«, sagte John, »ich sehe nicht die Hand vor den Augen.« Sie wussten sich nicht mehr zu retten vor dem Rauch. Alle lagen platt auf dem Bauch, die Hände vor den Augen. Sie husteten rau und heiser.

Der Wind legte sich nicht, aber etwas anderes geschah. Plötzlich drang ein leises Rauschen durch das Flammengetöse. Tropfen fielen. Regentropfen. Dicke Regentropfen. Es blieb nicht bei einzelnen Tropfen. Bald prasselte ein Guss hernieder, als hätte sich der Himmel geöffnet. Mein Gebet ist erhört worden, dachte John. Er wusste nicht, dass in der Wildnis jeder Brand früher oder später nur durch eine andere Naturkraft gebändigt werden kann – durch Regen.

Es schüttete, es goss, sie wurden durch und durch nass. Der Rauch verschwand.

Was sie jetzt sahen, war trostlos. Schwarz, schwarz, alles schwarz, im Süden und im Osten, so weit das Auge reichte. Viele Quadratmeilen Wald mussten abgebrannt sein. Hier und dort war der Stumpf einer Zwergfichte stehen geblieben. Das machte den Anblick noch trostloser.

Sie befanden sich auf einer Felsenterrasse. Jetzt merkten sie auch, dass sie hier nicht sicher gewesen wären. Etwas höher oben, bevor die Bergwand wieder steil anstieg, wuchsen in einer Bodenfalte Gras und niedrige Sträucher im Überfluss. Wäre das Feuer bis hierher gekommen, so hätte es dort oben Nahrung gefunden und wäre über ihnen zusammengeschlagen.

Die Kinder lagen auf dem Rücken. Sie sperrten den Mund weit auf und ließen es in sich hineinregnen. John lief zu Anna. Er nahm ihr das Gepäck ab und rannte mit Indepentias Sack in den Schutz eines überhängenden Felsblocks. Dann öffnete er die beiden Wassersäcke weit, stellte den Topf und die Pfanne auf, zog sein Hemd aus und breitete es auf dem Felsen aus; er legte alles aus, was Nässe aufsaugen konnte, und rief den anderen zu, sie sollten dasselbe tun. Francis, der gleich begriff, worum es ging, gehorchte sofort. Der Regen konnte jeden Augenblick aufhören und sie waren wieder ohne Wasser. Durch Auswringen der Kleider hatten sie dann wenigstens etwas, wenn es auch in den Wassersäcken nur wenige Zentimeter ausmachte. Aber vielleicht gab es auch ausgehöhlte Felsen, in denen sich Wasser hielt.

Jetzt mussten sie Walter suchen. Der Ochse hatte auch noch Wassersäcke.

Sie fanden ihn zwischen niedrigem Gesträuch, nicht mehr als fünfzig Meter entfernt. John sprang hinunter. »Walter, Walter!«, rief er, doch das Tier hob nicht einmal den Kopf. Gott sei Dank, das Feuer hatte ihn nicht erreicht.

John ging zu ihm. Er klopfte und streichelte ihn. Dann sah er seine Augen. Der Ochse war tot!

Langsam ging John mit den Wassersäcken zu den anderen zurück. »Walter ist tot«, sagte er.

Niemand antwortete. Nur Luise und Mathilde sahen ihn mit entsetzten Augen an, die anderen hörten nicht auf den Regen mit Mündern und hohlen Händen aufzufangen.

»Walter ist tot!«, schrie John.

Jetzt erschraken sie. Sie schauten den Abhang hinunter und sahen den Ochsen unten liegen. Käthe war die Erste, die weinte.

Mathilde sagte: »Walter ist nicht verbrannt.«

»Nein, er ist nicht verbrannt«, bestätigte John. »Er ist gestürzt und dann stand sein Herz still.«

Mathilde und John waren die Einzigen, die nicht weinten. Selbst Francis rieb sich die Augen.

Plötzlich begann Käthe zu lachen. »Seht einmal, wie schwarz wir sind«, rief sie. »Francis hat lauter Streifen im Gesicht.«

Einen Augenblick mussten sie alle lachen, ob sie wollten oder nicht. Sie sahen wirklich komisch aus mit ihren roten Augen und den schwarzen Gesichtern, auf denen die Tränen helle Streifen hinterlassen hatten.

»John«, begann Luise zaghaft, »John, könnten wir nicht ein paar Scheiben Speck abschneiden?«

»Speck?«, antwortete John. Aber es war kein Wunder, dass Luise ans Essen dachte. Sie hatten Hunger – und was für Hunger! Jetzt, da der schlimmste Durst gelöscht war, merkten sie es erst recht. »Speck? Ich will lieber ... Wenn ihr ein bisschen Geduld habt, bringe ich Wild. Das Feuer hat so viele Tiere aufgescheucht.«

Nun schleppte er alles Gepäck aus dem immer noch strömenden Regen in die schützende Felsennische. »Heda, alle helfen!«

Gott sei Dank, das Pulver war trocken geblieben. John lud sein Gewehr. »Macht inzwischen Feuer.

Dort hinten ist genügend trockenes Holz.« Er deutete auf eine breite und tiefe Mulde im Schutz des massigen Felsblocks. Dort war eine prächtige Höhle, besser konnten sie es nicht treffen.

Nachdem er seine Befehle erteilt hatte, machte er sich auf den Weg. »Komm, Oskar!« Er stieg hinauf, denn er wollte nicht nur Wild schießen, sondern auch einen Blick auf die Umgebung werfen. Sie mussten die Spur wiederfinden, die sie wegen des Feuers verlassen hatten. Plötzlich bellte der Hund aufgeregt, fast ängstlich.

Von einem Lagerplatz auf dem Boden erhob sich plötzlich mit blitzschnellem Sprung ein katzenartiges Tier mit glänzend nassem Fell. John schoss. Ein Luchs, ein Weibchen, lag vor ihm. Da musste auch das Männchen in der Nähe sein. Luchse trifft man nie allein an. So schnell er konnte, lud er sein Gewehr von neuem, dann spähte er umher. Da raschelten nasse Zweige und Blätter. Schleichend wie eine Katze, näherte sich das Männchen dem toten Weibchen, schnuppernd, mit grün leuchtenden Augen. John schoss zum zweiten Mal. Das Tier stürzte, war aber nicht gleich tot. Einen Augenblick später schoss John noch einmal, genau zwischen die Augen. Gefährliche Krallen hatte so ein Tier. Das Fleisch würde wohl zäh sein.

John kletterte noch etwas weiter, zu einem vorspringenden Punkt. Er spähte über die regengraue Berglandschaft nach Westen.

Sein Blick blieb an einem Punkt hängen, ging weiter, kehrte zu dem Punkt zurück, immer wieder zu diesem einen Punkt, während sich sein Mund langsam öffnete. Das – dort unten – die Rauchfahne –

und das darunter, das graue Viereck – ja, es war ein Viereck, obwohl es unter dem grauen Regenhimmel kaum von der Umgebung abstach – das – das musste Fort Boisé sein. Fort Boisé lag in der Gabel zwischen dem Schlangen- und dem Boiséfluss. Die Flüsse selbst konnte er nicht sehen, aber das bedeutete nichts. Die Flussbetten lagen vielleicht zu tief. Doch dieses Viereck mit der Rauchfahne, das musste Fort Boisé sein.

Er machte kehrt und rannte, an seiner Jagdbeute vorbei, hinunter. Er schwenkte die Arme, die langen, wirren, nassen Haare flatterten ihm um den Kopf.

»Wir sind dicht bei Fort Boisé!«, jubelte er mit heiserer Stimme. »Zwei oder drei Tagereisen! Kinder, Kinder – Luise, Francis, so sagt doch etwas! Wir sind dicht vor Fort Boisé! Dort werden sie uns helfen. Dort . . . Warum sagt ihr denn nichts?« Mit ausgebreiteten Armen stand er vor ihnen, triefnass, mit glänzendem nacktem Oberkörper, die Lederfetzen seiner Hose klebten an seinen Beinen. Die Kinder saßen nebeneinander in der Felshöhle hinter einem kleinen Feuer, das mehr schwelte als brannte. Sie hatten Hunger. Sie durften keinen Speck essen. Sie konnten sich nicht mehr freuen.

Endlich lächelte Luise durch einen Schleier von Tränen. »Es ist herrlich, John. Aber wir sind müde. Und von Fort Boisé aus müssen wir ja doch wieder weiter.«

Jetzt begriff John. Sie waren zu erschöpft um sich über irgendetwas zu freuen. Das bedeutete für ihn eine große Enttäuschung.

Ein paar Stunden später hatte sich die Stimmung gebessert.

»Luchs ist das Feinste, was ich je gegessen habe«, sagte Käthe. Dabei riss sie mit ihren Zähnen, so sehr sie konnte, an dem gebratenen Fleisch. »Das Allerallerfeinste!«

Es wurde Nacht. Und sie schliefen. John hielt das magere Feuer am Leben. Er hatte sich angewöhnt in gewissen Abständen zu erwachen, Holz aufzulegen und gleich wieder einzuschlafen. Oskar lag halb wach, halb schlafend.

Am nächsten Morgen zogen sie weiter. Nur Walter blieb zurück.

9

Eines Nachmittags im September wankte ein Junge durch das Tor von Fort Boisé. In den Armen trug er einen Säugling. Seine Kleidung bestand nur aus einer zerfetzten Hirschlederhose und zerfetzten Mokassins. Sein Haar hing ihm in wirren Strähnen auf die nackten Schultern.

Der Verwalter dieses Einmannpostens am Schlangenfluss war durch das Leben in der Wildnis abgehärtet. Er hatte selbst Entbehrungen gelitten und andere leiden sehen. Aber als er John erblickte, konnte er nur fluchen um seinem Staunen und seinem Entsetzen Ausdruck zu verleihen. John platzte mit der ungestümen Frage herein, ob es im Fort eine weiße Frau gebe. Der Verwalter konnte das Lachen fast nicht unterdrücken. Eine weiße Frau! Nein, die gab es nicht. Warum?

John deutete mit dem Kinn auf das Häufchen Lumpen in seinen vorgestreckten Armen: »Sie will nichts mehr trinken. Sie gibt alles wieder von sich.«

Der Mann betrachtete das Bündel näher. Er schlug die Tücher zurück. Mit Abscheu verjagte er die Fliegen, die sich darauf stürzten. Er sah etwas Gedunsenes, Hochrotes – war dies das Gesicht eines Säuglings? Als er das graue Gerippchen mit dem unnatürlich aufgetriebenen Bauch sah, brachte er kein Wort heraus. Was sollte er bloß damit anfangen?

»Vielleicht gibt es im Lager der Schoschone-Indianer eine Frau, die bereit ist das Kind zu nähren«, schlug er vor. Bei sich aber dachte er, keine Indianerin würde ein so verwahrlostes weißes Kind zu sich nehmen wollen. Er sah den verwilderten Knaben prüfend an. Dieser erwiderte seinen Blick gerade und offen. Eine seltsame Kraft lag in seinen Augen.

»Einer Indianerin möchte ich sie nicht anvertrauen«, sagte John, der sich fast nicht mehr auf den Beinen halten konnte. »Übrigens müssen wir weiter.«

»Weiter?« Ja, natürlich mussten sie weiterziehen, hier konnten sie nicht bleiben, das begriff der Verwalter nur zu gut. Aber weiterzugehen war mindestens ebenso unmöglich.

John drehte sich um und blickte schweigend zum Hügelrand. Der Verwalter folgte seinem Blick. Und er fiel von einem Entsetzen ins nächste. Da kam wahrhaftig die Nachhut. Zum Geier, war so etwas möglich? Ein dunkelhaariger, spindeldürrer Knabe von etwa elf Jahren führte eine Horde verwilderter kleiner Mädchen an, wie er sie sogar unter den ärmsten Indianern nie gesehen hatte. Um ihre mageren Körper hingen Lumpen aus Stoff, der früher vielleicht einmal rot gewesen war. Aus den abgezehrten Gesichtern mit den geschwollenen, aufgesprungenen Lippen starrten ihn riesengroße Augen an. Hol mich der Geier, dachte der Verwalter, diese Kinder haben natürlich höllischen Durst gelitten. Sie kommen aus der strohdürren Lavawüste der Schlangenhochebene.

Er schrie etwas Unverständliches über den Hof des Forts. Ein Indianer in einer fahlroten alten Generalshose, die als Tauschobjekt den fernen Westen erreicht hatte, kam angelaufen. Der Verwalter deutete auf die Kinder, die sich jetzt durchs Tor schleppten. »Sorg für Essen und Trinken«, sagte er eilig. Aber der Indianer blieb erst mit offenem Mund stehen. Weiße Kinder zu Fuß durch die Wüste! Ungläubig schüttelte er den Kopf.

John wandte sich zu Francis, der hereinstolperte: »Es gibt hier keine weiße Frau.«

Francis antwortete mühsam: »Dann muss Anna uns helfen.«

Anna? Der Verwalter hörte einen Hund bellen. Kurz darauf erschien über dem Hügelrand eine Kuh. Sie war bepackt und beladen wie ein Maultier. Der Hund sprang fortwährend um die Kuh herum, denn sie kam nicht vom Fleck, weil sie immerzu Gras entdeckte. In ihrer Ungeduld das Fort zu erreichen, hatten die Kinder nicht auf sie gewartet. Oskar hatte sie wie ein Hirtenhund vor sich her getrieben. »Was habt ihr noch, außer einem Hund und einer Kuh?«, erkundigte sich der Verwalter bestürzt. »Kommt vielleicht sonst noch jemand . . .? Euer Vater?« Eine Mutter hatten sie nicht, das war deutlich. John schüttelte schweigend den Kopf.

»Wo kommt ihr her?«

»Von Fort Hall.«

Ja, woher sollten sie auch sonst kommen? Aber es war so unglaublich. Der Verwalter betrachtete den braungebrannten, knochigen Knaben mit dem Kind im Arm von Kopf bis Fuß. Die Kehle wurde ihm eng, Tränen stiegen ihm in die Augen – zum Geier, ein abgebrühter Mann würde doch nicht flennen, weil er einem tüchtigen Jungen gegenüberstand! Aber der erschöpfte Knabe mit dem energischen Kinn und dem fest geschlossenen Mund flößte ihm großen Respekt ein.

»Sir«, sagte John höflich, »dürfen wir hier übernachten?« Übernachten? Ob sie hier übernachten dürften? Der Verwalter nickte. »Junge«, antwortete er, »solange du willst, kannst du hier ausruhen. Du kannst essen und schlafen, deine Haare schneiden und – nein, ein Rasiermesser brauchst du noch nicht. Nein, wie ist das möglich! Vorwärts, Kinder, wascht euch die Ohren, schneidet euch die Nägel und mistet euch die Haare aus! Füllt euch den Bauch und schlaft drei Tage lang.« Er stubste ein Kind nach dem anderen weiter und so landeten sie in einem großen, ziemlich dunklen Raum, wo eine grob gemauerte Feuerstelle war und davor ein rechteckiger Tisch. Zwei roh gezimmerte Stühle standen da und einige Kisten und Whiskyfässchen, die als Sitzplätze dienen konnten. In einer Ecke lag ein Stapel Felle. An der Wand hingen Gewehre.

Oskar kam schwanzwedelnd hereingelaufen und es fehlte nicht viel, so wäre auch Anna über die Schwelle gestapft.

»Hut ab vor der Kuh«, sagte der Verwalter. »Ist sie die ganzen dreihundert Meilen mit euch getippelt?« Er musste ja etwas reden, denn diese Kinder brachten ihn in Verwirrung. Er wollte gern alles für sie tun, aber womit sollte man beginnen?

»Wohin dürfen wir unser Gepäck bringen, Sir?«, fragte John.

»Schmeiß es nur hin, schmeiß nur alles hierher!«, rief der Verwalter, der geschäftig hin und her ging. »Und setzt euch doch, bleibt nicht auf euren wackligen Beinen stehen. Hol mich der Geier, was soll ich mit euch anfangen? Was möchtet ihr zuerst?«

»Wasser, Sir.«

»Sollt ihr haben, sollt ihr haben.« Er ging hinaus und rief etwas. Der Indianer, den sie vorhin schon gesehen hatten und der der Koch des Forts zu sein schien, schleppte zwei schwere irdene Krüge herein. Er goss das kühle Wasser in Becher. Die Kinder stürzten sich darauf. Sie streckten bittend die Hände vor – mehr, noch mehr!

»Nein«, sagte der Verwalter und schüttelte den bärtigen Kopf. »Ihr seid gesund angekommen, wir wollen euch hier nicht krank machen. Langsam, nur langsam!«

Er blickte zu John, der abseits stand. »He, Junge, soll ich das Kleine halten, damit du auch trinken kannst?«, rief er und wollte John das Bündel abnehmen.

»Bitte, seien Sie sehr vorsichtig mit ihr, Sir«, ermahnte ihn der Knabe ernst.

Der Verwalter nahm ihm das Lumpenbündel ab. Potztausend, wie das stank! Er wandte den Kopf. John sah es und wurde dunkelrot. Er goss einen Becher Wasser hinunter und nahm dem Mann das Kind wieder ab.

»Sie ist sehr krank, Sir«, erklärte er. »Sie ist krank geworden, nachdem wir sie einmal gründlich gewaschen hatten. Vorher hatten wir eine Zeit lang nicht genügend Wasser dafür. Meine älteste Schwester möchte sie jetzt gern sauber machen. Könnten wir vielleicht einen Zuber warmes Wasser bekommen?« Er unterbrach sich, schluckte und sagte mühsam: »Dann müssen wir es wieder mit Kuhmilch versuchen.«

Der Verwalter hatte eine Eingebung. »Was hältst du von dünner, lauwarmer Fleischbrühe?«, fragte er verlegen, denn er kam sich reichlich lächerlich vor als Kindermädchen. Er hustete, kratzte sich hinterm Ohr und in seinem dichten, schwarzen Haarschopf. »Und wegen des Waschzubers will ich das Nötige veranlassen«, schloss er.

Er brachte sie in den Waschraum. In der Mitte stand eine riesige Wassertonne und mindestens ein Dutzend Waschzuber waren schräg an die aus rohen Balken gezimmerte Wand gelehnt.

»Wenn viele Trapper kommen, haben sie keine Geduld mit dem Waschen auf einander zu warten, sie wollen's alle zugleich tun«, erklärte der Verwalter, der die Kinder keinen Moment aus den Augen ließ. »Planscht nur tüchtig! Hier habt ihr Bürsten und Seife – sie ist nicht sehr fein, wir haben sie selbst gemacht aus Bärenfett, aber ihr werdet wohl nicht so zimperlich sein. So, werft eure Lumpen auf einen

Haufen, dann zünden wir sie an, vielleicht kann ich noch eine Pfeife davon rauchen – mein Tabak geht zu Ende. Kleider, ha, nennt ihr das Kleider? Ihr bekommt neues Zeug. Die Mädchen dürfen es nur nicht so genau nehmen. Die Indianer bekommen eben für ihre Felle ein paar Hosen und Decken weniger. Du meine Güte, wie sehen eure Füße aus! He!«, schrie er durch die offene Tür des Waschraumes in den Innenhof hinaus, wo ein neugieriger Indianer auf dem Boden saß. »He, du . . .« Und dann folgten hastige, den Kindern unverständliche Worte.

Der Indianer stand gemächlich auf, schlurfte über den Hof und verschwand im dunklen Lagerraum. Er kam mit einem Stapel Mokassins zurück, alle in Männergröße. »Besser als nichts«, sagte der Verwalter, »aber all diese Füßchen werden zuerst gesalbt und dann verbunden. Wir werden euch schon zurechtflicken. Unglaubliches kleines Pack! Das geht so einfach über die Berge, die der Gott der Engländer hier aufgestellt hat um die Amerikaner fernzuhalten. Ich hätte große Lust dem englischen Verwalter von Fort Hall einen reitenden Boten zu schicken um ihm zu berichten, dass ihr hier angekommen seid. Du Teufelskerl! Vorwärts, schrubbt euch die Arme! He, du, wasch den anderen den Rücken. Ihr Knirpse! Das kann sich noch nicht einmal richtig waschen, aber es bummelt über die Rocky Mountains!«

Die Kinder ließen die Wortflut über sich ergehen. Es war herrlich einmal wieder einen erwachsenen Menschen zu sehen und zu hören, wenn er auch mehr Spektakel machte als ein Kind. Die tiefe Männerstimme dröhnte andauernd durch den Raum, begleitet von dem Plätschern und Planschen der Kinder. Luise nahm sich Lizzy vor. Die brüllte wie am Spieß und zappelte mit Armen und Beinen. Von allen Kindern sah Lizzy noch am besten aus; sie hatte auch am wenigsten ausgestanden.

Indepentia wurde in ölgetränkte Tücher gewickelt und blieb darin, bis die Schmutzkrusten aufgeweicht waren. Dann wurde sie in lauwarmem Wasser gebadet. Es war eine langwierige Säuberung, aber sie gelang bedeutend besser als am Schlangenfluss. John wartete schon daneben in einer alten blauen Soldatenuniform mit umgeschlagenen Hosenbeinen und Ärmeln, mit kurzen, nassen Haaren, die Ohren rot vom Reiben. Er bekam Indepentia sauber in die Arme gelegt und war stolz wie ein Vater, der sein Neugeborenes zum ersten Mal sieht. Feierlich schritt er mit ihr über den Hof. Er selbst fühlte sich wie neugeboren, das Blut strömte ihm kräftig durch die Adern und er hatte einen Wolfshunger. Gleich sollten sie zu essen bekommen.

Der indianische Koch brachte große Schüsseln mit Fleisch. Wie Tiere fielen die Kinder darüber her, sie nahmen sich nicht einmal die Zeit sich hinzusetzen. Lizzy kletterte auf den Tisch, aber das ging Luise doch zu weit. Sie zerrte die kleine Schwester herunter, aber die hatte wenigstens ein tüchtiges Stück Fleisch in der Hand.

John stand daneben und schaute zu. Mit einer Hand führte er einen mächtigen Brocken Fleisch zum Mund, mit der anderen hielt er Indepentia fest.

Jetzt brachte der Koch in einer Flasche die Fleischbrühe. Mit unendlicher Geduld flößte John sie dem Säugling tropfenweise ein. Die Hälfte kam wieder zurück. Mehr als eine Stunde war er damit beschäftigt.

John sah den Verwalter an. »Wir müssen so bald wie möglich weiter«, sagte er.

»Lass den Säugling und die zwei kleinsten Mädchen vorläufig im Fort zurück«, riet ihm der Mann.

Doch der Knabe schüttelte den Kopf. Für ihn stand eines fest: Sie alle mussten so schnell wie möglich Doktor Marcus Whitmans Missionsstation erreichen.

»Das ist reiner Wahnsinn«, entgegnete der Verwalter. »Der Säugling kann jeden Augenblick sterben.«

Da schoss John das Blut in den Kopf, er schlug die Hände vors Gesicht und begann heftig zu schluchzen.

Der schläfrige Indianer, der die Mokassins gebracht hatte, kam jetzt mit Holz herein. Er machte Feuer im Kamin. Draußen war der Himmel über dem Innenhof rosig, die Sonne ging unter. Als die Kinder genug gegessen hatten, legten sie sich auf die Büffelhäute in der Zimmerecke. Man breitete Felle über sie und keine fünf Minuten später schliefen alle, als wollten sie jahrelang nicht mehr erwachen.

John und der Verwalter saßen auf den Stühlen vor dem Feuer. Eine Indianerin kam herein, setzte sich an die Wand und nähte Mokassins.

»Ich habe ihr gesagt, sie soll für all die wunden kleinen Mädchenfüße Mokassins nähen«, bemerkte der Verwalter beiläufig. »Sie ist meine Frau.«

»So lange können wir wirklich nicht bleiben, Sir«, erwiderte John. Bei sich dachte er: Ein weißer Mann mit einer indianischen Frau?

Der Verwalter schien Gedanken lesen zu können, denn er sagte: »Alle Trapper haben Squaws. Sie sind ebenso gut wie weiße Frauen.«

John dachte an seine Mutter.

»Was weißt denn du von Indianerfrauen!«, sagte der Verwalter. »So ein Küken von einem Jungen!« Er rümpfte die Nase und blies eine gewaltige, stinkende Rauchwolke von einer rätselhaften Tabaksorte in die Luft. Dann sagte er: »Soll ich dir mal ein Beispiel erzählen?«

John nickte. Er war todmüde und schläfrig, aber er sah, wie gern sein Gastgeber erzählen wollte.

»Du weißt von dem Wetteifer zwischen den Engländern und den Amerikanern hier im Westen, nicht wahr? Weißt du auch, dass es zwei Pelzhandels-Gesellschaften gibt, eine englische und eine amerikanische? Nun, die liegen sich manchmal in den Haaren. Eines Tages schlugen sie ihre Lager nicht weit voneinander auf, zufällig jagten sie im selben Gebiet. Die englischen Pelzjäger hatten eine Anzahl befreundeter Indianer bei sich, die Biberfallen aufstellten – die Felle kauften ihnen die Engländer dann ab. Die amerikanischen Pelzjäger hätten die Felle auch gern gehabt. Was sie aber dann taten, kann man nicht sehr anständig nennen. Sie öffneten ein Whiskyfass. Sobald der Geruch den Indianern in die Nasen stieg, brachten sie die Biberfelle ins amerikanische Lager statt zu den Engländern. Die englische Gesellschaft verbot ihren Leuten nämlich die Indianer durch Alkohol anzulocken – eine großartige Verordnung, gewiss. Aber du begreifst: Die Amerikaner, die es damit nicht so genau nahmen, machten sich das zu Nutze. Dafür versuchten die Briten wieder, den Amerikanern ihre Vorräte wegzunehmen. Du kannst dir vorstellen, dass die Stimmung zwischen den beiden Lagern nicht gerade freundlich war. Aus irgendeinem

Grund – vielleicht durch einen Streich der Amerikaner – wurden am nächsten Abend im britischen Lager die Pferde unruhig. Sie stampften, wieherten, bäumten sich, brannten durch. Einige landeten im Lager der Amerikaner, unter anderem das Pferd der Squaw des englischen Aufsehers. Am Sattel des Pferdes baumelte in einem Beutel das Kind der Indianerin. Die Mutter folgte dem Pferd und dem Kind ins amerikanische Lager. In aller Ruhe packte sie ihre Stute am Halfter. Gleichzeitig entdeckte sie eines ihrer Packpferde, vollbeladen mit kostbaren Biberfellen. Die Männer hatten sich schon die Hände gerieben. Nach Kriegsrecht betrachteten sie die Fracht als ihr Eigentum. Die Indianerin aber dachte anders darüber. Sie schwang sich auf ihr eigenes Pferd, nahm das Packpferd furchtlos am Zügel und führte es mitsamt seiner kostbaren Last aus dem Lager. Ich kann dir sagen, es gab Kerle, die ihr Gewehr auf sie richteten; aber die anständige Mehrheit bekam die Oberhand. Während die Männer brüllten und johlten und im Zorn fast übereinander herfielen, galoppierte die Frau mit ihrem Säugling und dem Packpferd davon. Siehst du, solche Sachen bringen Indianerinnen fertig. Diese Frau ist nämlich nicht die Einzige. Ich könnte dir von der Indianerin erzählen, die im Jahre 1805 die ganze Lewis-und-Clark-Expedition gerettet hat . . .«

Der Verwalter fluchte. Mitten in seiner aufregenden Erzählung war John eingeschlafen und halb vom Stuhl geglitten. Der Mann hob ihn auf und trug ihn wie ein kleines Kind zu der übrigen Familie in die Ecke. Dabei murmelte er einen Kraftausdruck nach dem anderen. Er deckte den Knaben zu wie eine

Mutter, stopfte ihm das Fell unter den Rücken und sprach leise: »Du zäher Bengel, verteufelter Racker, verflixter Bursche du! Gott gebe dir und dem anderen Kleinzeug eine glückliche Zukunft. Amen.«

Bei all seiner Flucherei war der Verwalter nämlich ein gläubiger Mann. Er hatte sich nur daran gewöhnt, seine Einsamkeit mit viel Lärm auszufüllen.

Fünf Tage blieben die Kinder in Fort Boisé. Fünf Tage und fünf Nächte taten sie nichts als essen, trinken und schlafen. Es war erstaunlich, wie rasch sie sich erholten. Ihre Füße heilten. Hornhaut und Schwielen blieben zurück, doch das war nur ein Vorteil. Indepentia vertrug wieder Milch, ihre Wunden schlossen sich. Anna hatte sich mit den drei Kühen im Stall des Forts angefreundet. Als Abenteurerin war sie über die Schwelle gestapft, jetzt war sie gestriegelt und gebürstet und sah wieder aus wie eine ganz gewöhnliche Kuh.

John stellte sich den Weitermarsch leicht vor, allzu leicht. Die gefährlichen Blauen Berge lagen vor ihnen und das in ungünstiger Jahreszeit – es war sehr spät geworden. Aber der Verwalter hatte versprochen ihm ein paar zuverlässige Schoschone-Indianer mit Pferden als Geleit mitzugeben. Und eine Karte hatte er bekommen. Auf die Innenseite eines glatten, weichen Luchsfelles zeichnete ihm der Verwalter die Landschaft: das Flussbett, die Schluchten und die Bergpässe. Den Weg hatte er mit einem Stück Holzkohle breit punktiert. »Hier müsst ihr aufpassen. Sucht rechtzeitig Deckung, wenn Schneestürme kommen. Ihr könnt in Hagelwetter geraten, wie ihr sie nie erlebt habt, und in Regengüsse, in denen man fast ertrinken kann. Schlagt jeden Abend früh und sorgfältig euer Lager auf.« John nickte. Mit Pferden und Geleit würde es ja geradezu eine Vergnügungsreise werden. Der Verwalter sah den Übermut in seinen Augen und sagte: »Bürschchen, Bürschchen, nimm's nicht zu leicht! Größere Männer als du, erfahrene Bergwanderer mit guter Ausrüstung, sind über die Blauen Berge gezogen und nicht wiedergekommen.«

John hielt diese Warnung für eine der vielen Übertreibungen des Verwalters. Er wusste nicht, dass sie viel Wahres enthielt. Er befand sich in einem Land, in das nur besonders mutige Männer eingedrungen waren, und nur besondere Menschen haben besondere Erlebnisse. Er konnte nicht wissen, dass seine eigenen Erlebnisse für spätere amerikanische Generationen eine beispielhafte Geschichte werden sollten. Nein, davon wusste er nichts. Und er wusste auch nicht, was für Prüfungen ihm noch bevorstanden.

An diesem Abend hörten John und Francis zum letzten Mal eine Geschichte von dem Verwalter in Fort Boisé.

»Habt ihr Jim Bridger gesehen, als ihr in Fort Bridger wart?«, begann der Mann. John schüttelte den Kopf.

»Nein«, antwortete er, »er war gerade auf Biberfang.«

»Das glaube ich gern«, sagte der Verwalter. »Der alte Fuchs kann das nicht lassen. Er war oft hier. Was der zusammenlügt! Aber ich will euch sagen, das tut er nur, weil ihm die Menschen nicht glauben. Er hat dieses Land erforscht wie kein Zweiter, er liebt die Wildnis der Prärie und der Berge mit Leib und Seele, das kann man wohl sagen. Die großen Naturwunder haben ihn mit Staunen und Andacht erfüllt. Doch als er wieder in bewohnte Gegenden kam und den Leuten davon erzählte, wollten sie ihm nicht glauben. ›Jim Bridger, du bist der größte Lügner, der auf zwei Beinen herumläuft‹, sagten sie ihm ins Gesicht. Gut, dachte er, dann sollt ihr auch wirklich Lügen von mir zu hören kriegen! Und was erzählt er seither! Es sind Lügen und doch ist mehr Wahrheit darin, als sich ein gewöhnlicher Mensch vorstellen kann. Er hat den Großen Salzsee entdeckt, er hat fast als Erster das Yellowstonegebirge* überschritten. Ich will euch erzählen, was er dort erlebte – ich hab's von ihm selber gehört. Ihr wisst, dass es in Yellowstone versteinerte Wälder gibt, versteinerte Bäume mit versteinerten Vögeln. Das kommt daher, sagt er, dass ein großer Medizinmann der Krähen-Indianer einmal über dieses Gebirge einen Fluch ausgesprochen hat. Dadurch wurden das Gras, die Salbeisträucher, die Bäume, die Präriehühner, die Auerhähne, die Elche, Bären, Antilopen, Hirsche und Kaninchen in Stein verwandelt, wie sie im Augenblick des Fluches gerade gingen und standen. Die Flüsse und Bäche, die Wasserfälle mit dem Sprühnebel aus Millionen von Tröpfchen, alles erstarrte zu Stein. Selbst die Strah-

---

* Der Yellowstonepark ist jetzt eines der größten und merkwürdigsten Naturschutzgebiete Amerikas. Es ist kein Wunder, dass die Berichte der Entdecker dieses Gebietes als Märchen und Lügen abgetan wurden. Dort gibt es die seltsamsten Versteinerungen und Grotten, warme Spring- und Mineralwasserquellen.

lenbündel von Sonne und Mond wurden versteinert. –
Einmal, als Jim in Yellowstone war, sah er einen
Elch. Sorgfältig lud er sein Gewehr, zielte und
drückte ab. Der Elch hob nicht einmal den Kopf
vom Gras zum Zeichen, dass er den Schuss gehört
hatte. Jim schlich näher heran, so weit er es wagte,
und feuerte noch einmal. Der Elch graste ungestört
weiter. Ein drittes und viertes Mal verlief es genauso.
Jetzt stand Jim ganz nahe bei dem Elch. Er packte
sein Gewehr beim Lauf, hob den Kolben wie eine
Keule und ging damit auf das Tier los. Plötzlich stieß
er gegen ein Hindernis, er fiel und war einen Augenblick betäubt. Als er wieder auf den Beinen stand,
sah er, dass er gegen einen gläsernen Berg gerannt
war, einen Berg aus reinem Kristall. Er konnte den
Elch dahinter noch immer friedlich grasen sehen.
Der Berg wirkte als Linse; sie verkleinerte den Abstand, der in Wirklichkeit viele Meilen betragen
musste, und vergrößerte das Tier.«

John lachte.

»Lach nicht, Freundchen, dort *gibt* es Wunder.«

Francis saß auf einem Whiskyfass daneben, ihm
lief es kalt über den Rücken. »Erzählen Sie noch
mehr«, bat er.

»Nein, meine Lieben, ihr geht jetzt schlafen. Es ist
für längere Zeit eure letzte Nacht unter einem Dach.
Weil ich gerade an Schneestürme denke – eine tolle
Geschichte von Jim Bridger sollt ihr rasch noch hören. Im Winter des Jahres 1830 schneite es monate-
lang ununterbrochen – ich habe das selber damals in
den Bergen erlebt. Nach Jims Aussagen waren es
siebzig Tage. Alle Büffel, die keinen Unterschlupf
fanden, erfroren im Schnee, aber ihre Leiber erhiel-

ten sich darin frisch. Als es Frühling wurde, brauchte Bridger nicht auf die Jagd zu gehen. Es genügte die gefrorenen Tiere in den Großen Salzsee zu werfen. Dann gab es jahrelang genug gesalzenes Büffelfleisch für ihn und alle Utah-Indianer . . .«

10

Am nächsten Morgen stieg die Sonne aus goldenem Herbstnebel über die Blauen Berge, als die kleine Karawane Fort Boisé verließ. John ging an der Spitze mit einem der drei Indianer, die ihnen der Verwalter mitgegeben hatte. Der Knabe war von Kopf bis Fuß in Leder gekleidet und sah aus wie ein echter Trapper. Die anderen Indianer führten zwei vollbeladene Packpferde am Zügel. Luise und Käthe gingen zu Fuß, aber Lizzy und Mathilde saßen nebeneinander, festgebunden wie Indianerkinder, auf einem der Packsättel. Independia hing in ihrem Beutel an der Seite des Pferdes. Francis bildete mit Anna das Ende des Zuges. Oskar rannte nach vorn und zurück oder er lief neben Mathildes Pferd.

Der Verwalter von Fort Boisé hatte für die Sicherheit der Kinder gesorgt, so gut er konnte. Dennoch war ihm erbärmlich zu Mute.

Ein Stück weit begleitete er sie zu Pferde. Als die Sonne schon ziemlich hoch über den Bergen stand, schüttelte ihm John zum Abschied die Hand. Er hätte dem Mann so gern seine Dankbarkeit für seine große Güte bezeugt, brachte aber nichts anderes heraus als: »Danke! Danke!«

»Gott segne euch, Kinder, und grüßt Marcus Whitman von mir«, sagte der Verwalter.

Den Indianern schrie er noch ein paar Befehle zu, dann riss er sein Pferd herum und gab ihm die Sporen. Eine Staubwolke trennte ihn von den Kindern. Er murmelte ein paar seiner befreienden Kraftworte, während er durch das Tor von Fort Boisé ritt. Jetzt war er wieder allein mit seiner Squaw, seinem Whisky und seiner Bibel.

An diesem Abend schrieb der Verwalter einen Brief an seine alte Mutter in St. Louis. Es war seine Gewohnheit nicht öfter als zweimal im Jahr zu schreiben, wenn die Trapper nach ihrer Sommer- und Winterarbeit auf dem Weg nach Osten das Fort besuchten. Aber jetzt war er so bewegt durch das seltsame Erlebnis, dass er sich in seiner Muttersprache darüber äußern musste und noch einem anderen Menschen gegenüber als seiner indianischen Frau.

Er schrieb: »Ich habe dir in meinen Briefen schon allerlei Seltsames erzählt, aber noch nie bekam ich eine so harte Nuss zu knacken wie in diesen Tagen. Eine verdammt aufregende Geschichte, aber etwas Unerhörtes, Unvergessliches. Dieser Junge, dieser John! Selbst unser himmlischer Vater muss tief gerührt sein durch seine stellvertretende Vaterschaft. Er war durchaus kein bequemer Anführer und er verlangte unbedingten Gehorsam. Als sich seine neunjährige Schwester einmal weigerte den Säugling zu halten, legte er sie übers Knie und verdrosch sie derart, dass sie bat und flehte das Kind halten zu dürfen. Natürlich musste er streng sein um seiner Aufgabe gerecht zu werden. Seine Nerven waren ständig angespannt, er konnte die Schwere seiner Verantwortung keinen Augenblick vergessen. Bei Gott, er hat auch mich herumgekriegt, denn ich habe ihn nach einer Ruhepause von einigen Tagen unter dem Schutz von ein paar treuen Indianern und mit guten Pferden weiterziehen lassen.«* Als der Verwalter diesen Brief geschrieben hatte, legte er ihn in die Lade, denn er konnte ihn ja erst zwei Monate später wegschicken.

Sie durchwateten den Schlangenfluss. Das Wasser war eisig. Mit nassen Kleidern gingen sie weiter. Ein kalter Wind blies aus Nordwesten, ihr Kurs führte nach Norden. Johns Übermut verging ihm sehr bald. Er merkte, wie schwer es den Mädchen fiel Schritt zu halten. Aber die indianischen Begleiter waren nicht zu einer Rast zu bewegen. Sie sangen eintönige Lieder mit starrem Rhythmus und sie gingen – sangen und gingen –, selbst Francis war der Verzweiflung nahe.

»Sag ihnen, sie sollen langsamer gehen, John.«

»Das hab ich doch schon mehrmals versucht«, antwortete John gereizt.

»Versuch's noch einmal!«

»Bitte, John, tu's!«, flehte Luise. Die Beine waren ihr schwer wie Blei.

Käthe hielt Anna am Schwanz und ließ sich halb von ihr vorwärtsziehen. »Lass das«, befahl John. »Anna hat es schon schwer genug und ohne sie ist Independentia verloren.«

* Dieser Brief ist erhalten geblieben.

Unwillig ließ Käthe den Kuhschwanz los. Schritt für Schritt schleppte sie sich weiter.

»Vorwärts, wir dürfen nicht zurückbleiben«, mahnte John.

Er rief die Indianer. Sie hörten nicht. Er versuchte sie einzuholen. Er gab einen Schuss aus seinem Gewehr ab – das half einen Augenblick. Unzufrieden warteten sie, bis er keuchend bei ihnen ankam.

Mit verzweifelten Gesten wollte er ihnen klarmachen, dass die Kinder nicht so schnell gehen konnten. Er spreizte die Hände, die Handflächen nach oben, zum Zeichen der Ohnmacht. Er deutete auf den Boden: Bitte, setzt euch hin und wartet, ruht euch aus, ich hole sie inzwischen. Er griff an seine Füße und verzog schmerzlich das Gesicht, er keuchte und wies auf die Nachhut: Begreift doch, wie müde sie sind, wie schwer ihre Beine sie tragen!

Die Indianer begriffen nicht oder taten, als ob sie nicht begriffen. Sie wollten weitergehen, das war deutlich. Diese Pflicht die verwilderten weißen Kinder zu begleiten, verletzte ihr Selbstgefühl. Der Vater des Forts hatte ihnen befohlen sie über die Pässe der Blauen Berge zu bringen und dann zurückzukehren. Gut, sie wollten es auf ihre Weise so schnell wie möglich tun und dann zurückgehen. Aber wenn sie sich nicht beeilten, kamen sie noch in Schneestürme. Nein, dieser Marsch war ihnen unangenehm und für die weißen Kinder hatten sie nichts übrig.

Sie sahen John schweigend an, zuckten die Achseln und gingen wortlos weiter.

John nahm das Packpferd, das einer von ihnen führte, am Halfter. Sie ließen ihn machen – warum sollte der Knabe nicht das Pferd führen? Das

Tier war schwer beladen und vorne, quer über dem Sattelknopf, waren die drei Hinterlader angebunden. John trug sein eigenes Gewehr, die drei Indianer waren unbewaffnet. Francis schritt hinterher mit dem zweiten Pferd, auf dem über dem Gepäck Lizzy und Mathilde thronten. Indepentia baumelte in ihrem Sack an der Flanke des Tieres.

Die Karawane zog weiter. Sorglos singend und leichtfüßig gingen die Indianer weit voraus. Die Kinder schleppten sich dahin, aber John trieb sie nicht mehr so sehr an. Die Spur war breit und deutlich, sie führte durch wildes Hügelland. Der Nachmittag ging schon zu Ende, im Westen färbte sich der Himmel rot. Einer der Indianer schaute zurück. Von den Kindern war nichts zu sehen.

Die Männer hielten an. Befriedigt von dem Tagesmarsch, wollten sie auf die jungen Weißen warten und das Lager aufschlagen. Sie setzten sich in das hohe, harte Gras.

Plötzlich hörten sie Hufgetrappel. Auf einem der Packpferde, das von seiner Last befreit war, kam John herangesprengt. Die Zügel hielt er in der linken Hand, in der rechten eine Pistole. Den Lauf der Pistole auf die Indianer gerichtet bedeutete er ihnen aufzustehen. Verblüfft gehorchten sie seinem wortlosen Befehl. Nach Süden weisend, forderte er sie auf zurückzugehen. Er selber riss das Pferd herum und ritt hinter ihnen her. So führte er sie dorthin, wo er die Kinder gelassen hatte. Jetzt sangen die Indianer nicht mehr, sie gingen langsam, mit mürrischen Gesichtern. John trieb sie nicht zur Eile, er wollte sie nicht unnötig reizen. Die Wanderung mit ihnen würde schon schwierig genug sein.

Sie schlugen das Lager auf. Den ganzen Abend und die ganze Nacht hielten John und Francis abwechselnd Wache. Die Waffen hatten sie bei sich im Schlafsack. Es war eine ungemütliche Stimmung. Am nächsten Morgen wurde die Reise fortgesetzt, John immer zu Pferd und bewaffnet hinter den Indianern. Hätte er sie nicht als Führer gebraucht — und er brauchte sie dringend, denn die Spur hatte sich schon zweimal verzweigt — so wäre er am liebsten ohne sie weitergegangen. Die Begleitung wirkte sich anders aus, als der Verwalter angenommen hatte.

Das andere Pferd war jetzt schwer beladen und auch Anna hatte wieder einen Teil der Last bekommen.

An Wild fehlte es nicht, denn die Indianer legten Schlingen aus, auch Wasser hatten sie genug, denn über die steilen Berge strömten rauschende Flüsse und Bäche herab.

Die Hänge waren meist dicht und dunkel bewachsen, hier und dort hoben sich hohe Zedern und Silbertannen von dem übrigen Nadelholz ab. Das Wetter war feucht und trübe. Abends krochen sie frierend in ihre Schlafsäcke. John fiel die Nachtwache immer schwerer, seine Wachsamkeit ließ im Laufe der Tage mehr und mehr nach. Die Indianer waren nicht aufsässig, nur so furchtbar gleichgültig. Sie hatten Respekt vor John, nicht nur vor seinen Waffen, sondern auch vor seinem Wesen, das ihnen trotz der Jugend des Knaben Achtung einflößte.

Zum zweiten Mal führte die Spur durch den Schlangenfluss, kurz nachdem eine andere nach Südwesten abgezweigt war – zum Humboldtfluss, in der

Richtung nach Kalifornien. Das Wasser war vielleicht noch eisiger als beim vorigen Mal. Nach dem Übergang zündeten sie ein Feuer an.

Drei Tage folgten sie nun wieder dem Strom auf der östlichen Seite, aber in beträchtlichem Abstand – ihr Weg lief etwas weiter nördlich.

Am Abend des dritten Tages – John wusste, dass sie jetzt nicht mehr weit von dem gewaltigen Sumpfgebiet und der Grande-Ronde-Ebene entfernt sein konnten – sahen sie im Nordosten hinter einer fernen Hügelreihe sieben blaugraue Rauchfahnen aufsteigen.

Francis entdeckte sie zuerst.

»Ein Indianerdorf«, meinte John.

»Oder ein Trapperlager?«

»Nicht um diese Zeit. Und die zünden auch nicht sieben Feuer an.«

Auch die drei Führer und »Beschützer« hatten den Rauch bemerkt. Sie schienen nicht überrascht, deuteten aber lebhaft dorthin. Einer riss dürres Gras aus, befestigte es an einem Stock, rannte damit auf einen Hügel in der Nähe und setzte die Fackel dort in Brand. Das Gras brannte nicht lange, aber doch lange genug, wie sich zeigen sollte.

Etwa zwanzig Minuten später hörten sie lautes Geschrei. Drei Indianer auf Ponys tauchten wie Schatten auf derselben Hügelspitze auf. Die Indianer unten machten Zeichen, sie signalisierten ohne Worte. Nun galoppierten die Reiter in drei immer größeren Kreisen um die Hügelspitze herum und verschwanden hierauf spurlos.

An diesem Abend saß John unruhig vor dem Lagerfeuer. Er hatte nicht eigentlich Angst, denn die

Reiter von heute – und also auch die übrigen Bewohner des Indianerdorfes – waren offenbar befreundet oder verwandt mit ihren drei Führern. Mochten ihre Begleiter auch gleichgültig und wenig freundlich sein, sie achteten ihn und dadurch hatte sich die Stimmung eher verbessert als verschlechtert. John machte sich keine Illusionen. Er wusste, dass die Indianer gemeinsam mit ihren Stammesgenossen dem ganzen Kindertrupp, allen Gewehren zum Trotz, leicht den Garaus machen konnten. Aber er baute auf den Einfluss des Fort-Verwalters, des Vaters, wie sie ihn nannten, dem sie doch wieder unter die Augen treten mussten. Überdies war ihm bekannt, dass Kinderskalpe von Indianern nicht geschätzt wurden. Es ging sogar gegen ihre Ehre, Kinder zu skalpieren. Darum fühlte er sich eigentlich ziemlich sicher. Er glaubte nicht an ausgesprochen böse Absichten – und darin sollte er Recht behalten. Mit solchen Gedanken fiel er endlich todmüde in den Schlaf. Er hatte gesehen, dass die Indianer schliefen und die Gewehre befanden sich bei ihm im Schlafsack.

Er träumte. Alles war genau wie früher. Sie lebten wieder auf der Farm; Vater hatte ihn und Francis mit in das Städtchen genommen. Er ritt auf seinem eigenen Pony, Francis saß vor Vater im Sattel. Sie ritten durch das Wigwamdorf der Indianer, die gekommen waren um Handel zu treiben. Kleine braune Indianerkinder spielten im Rauch der Feuer, die ihre Mütter unterhielten. Sie ritten durch das Tor der Holzpalisade, welche die Stadt einschloss. Drinnen überquerten sie die breite Fahrstraße, die den Stadtkern umgab, und kamen in die schmalen Gässchen mit den niedrigen Häusern, die sich eng um die hölzerne

Kirche und das Rathaus schmiegten. Es war ein warmer, windstiller Tag. Die grauen Staubwolken, die über den ungepflasterten Straßen zwischen den Häusern aufgewirbelt wurden, blieben lange in der Luft hängen und wenn sie sich gesenkt hatten, stiegen wieder neue auf. Man schmeckte den Staub im Mund. Aber Vater hatte ihnen Bier versprochen, köstliches süßes Maisbier in der Schenke ›Zum goldenen Ochsenwagen‹. Jetzt ritten sie noch durch den Staub. Es herrschte lebhafter Betrieb — das war immer so zu Beginn des Sommers. Was gab es alles zu sehen! Da ritten geschmückte und bemalte Indianer auf ihren Ponys, in grellfarbige Decken gehüllt, an den im übrigen kahlgeschorenen Köpfen baumelten seltsame Haarschwänze mit Knoten darin. Braune mexikanische Maultierhändler stapften schwitzend neben ihren schmutzigen Tieren durch den wirbelnden Staub. Viehtreiber mit wilden Bärten und hohen Stiefeln ließen die Peitschen über die Rücken ihrer Ochsenherden knallen. Stolze Dragoner aus den Regierungsbaracken gingen mit schleppenden Säbeln und klirrenden Sporen vorbei. Fuhrmänner, vornübergebeugt auf dem Kutschbock, die Unterarme auf den Knien, ließen die Zügel schlaff hängen und schauten misstrauisch unter dem Rand der Wollhüte hervor — sie kamen selten von ihren Farmen aus den entlegenen Wäldern zum Einkauf in die Stadt. Französisch-kanadische Voyageurs, die sonst paddelnd in ihren Booten über die breiten Flüsse und durch die Stromschnellen des Wilden Westens fuhren, schlenderten von einem Wirtshaus ins andere und sangen ihre französischen Liedchen — sie kamen in die Stadt am Rande der bewohnten Welt um sich zu vergnügen. Dasselbe galt für die lärmenden, prahlenden Missouri-Schiffer und die Trapper, die in ihren ledernen Hosen und den Gamaschen mit den lustigen Fransen hoch zu Ross vorbeitrabten – John sah ihre verwitterten Gesichter mit den zusammengekniffenen Augen und den hängenden Haaren, die fast ebenso lang waren wie die Fransen ihrer Wämser. Selbstbewusst und verwegen, geschmeidig im Sattel, so lenkten sie ihre Pferde durch den dichten Verkehr. John bewunderte sie glühend. Noch selbstbewusster und würdevoller gingen neben dem Verkehr zwei Pelzhändler an den Häusern entlang. Sie drückten seidene Taschentücher an ihre vornehmen Nasen, trugen hohe Kragen und lange enge Hosen. An ihren blauen Jacken blitzten Messingknöpfe, zum staunenden Entzücken der Indianerkinder. Die Pelzmagnaten in den hohen glänzenden Zylindern aus Biberfell schritten dahin in dem stolzen Bewusstsein, dass das Los vieler Menschen in dieser kleinen Welt von ihnen abhing.

»Und doch müssen sie mit der Zeit herunter vom hohen Ross«, sagte Johns Vater. »Sie sind keine Könige mehr, bald wird sich das Blatt wenden. Mit den Millionengewinnen im Biberhandel geht's zu Ende. Wohl werden noch Biberfallen aufgestellt, aber in Europa tragen die Herren schon längst Zylinder aus Seide. Biberfelle sind unmodern geworden.«

Langsam, mit staubigen Planen, näherte sich jetzt eine kleine Karawane von Ochsenwagen. Weiße Frauen mit Strohhüten blickten heraus, hinter ihnen neugierige Kinderköpfe neben entschlossenen Männergesichtern im Schatten breitrandiger Kopfbedeckungen. Schweigend und nüchtern nahmen die Männer das lärmende, farbige Schauspiel in sich auf, das ihnen die letzte Stadt an der Grenze zwischen Ost und West bot.

Johns Vater hielt sein Pferd an, legte seinem ältesten Sohn die Hand auf den Arm und sagte über Francis' Kopf hinweg: »Das sind die Könige der Zukunft – die Pioniere. Sie werden das Land der Vereinigten Staaten immer größer machen, bis es wirklich groß ist. Ihr, meine Söhne, werdet es erleben!« Sie ließen die ganze Karawane vorbeiziehen und Johns Vater gab den Auswanderern seine besten Wünsche mit auf den Weg. John und Francis erstickten fast am Staub, sie hatten schrecklichen Durst. Als die Karawane vorbei war, sah Francis zum Vater auf: »Bitte, Vater, bekommen wir jetzt etwas zu trinken?«

John fühlte seine Zunge am Gaumen kleben. Sie ritten zum ›Goldenen Ochsenwagen‹. Dort hing wahrhaftig ein goldener Ochsenwagen als Aushängeschild über der Tür.

Drinnen war es dunkel, die Luft erfüllt von dichtem Tabaksqualm, schalem Biergeruch und einem Gewirr von Männerstimmen. Sie setzten sich hin und bestellten Bier. Durch die grünlichen Glasscheiben eines Fensterchens sahen sie auf die Straße, wo immer noch dasselbe farbige Schauspiel in Gang war.

Plötzlich kam ein ganz großer, von sechs Ochsen gezogener Wagen mit schneeweißer Plane vorbei. Der Fuhrmann sah unheimlich aus. Er hatte große, hohle Augen und keine Wangen – er hatte einen Totenkopf. Er trug einen breitrandigen Hut und grinste. Vater stand auf und schaute hin. Ohne seine Kinder anzusehen sagte er: »Da muss ich mit.« Der

Wagen fuhr merkwürdig schnell. Vater zwängte sich zwischen den Tischen hindurch zur Tür. »Vater, dein Bier! Und du musst noch bezahlen! Wir haben kein Geld, wir haben nichts«, rief John plötzlich in Todesangst. Doch der Vater ging zur Tür hinaus, machte draußen sein Pferd los, das am Holzzaun festgebunden war, stieg auf und ritt davon ohne auch nur zurückzuschauen.

Auf einmal war die Straße ganz leer. Nur in weiter Ferne fuhr der Ochsenwagen und dahinter ritt der Vater – fast unsichtbar in einer Staubwolke. Die Knaben drückten ihre Nasen an die kleinen grünlichen Fensterscheiben der Schenke. Jetzt konnten sie den Vater nicht mehr sehen, es gab nichts außer Staub und fernem Hufgetrappel – das Fensterglas war kalt und hart an ihren Nasen.

John erwachte, weil er am Arm geschüttelt wurde. Er hörte Francis' Stimme, die rief: »Sie sind weg.«

»Ja«, antwortete John schläfrig, »jetzt dürfen wir das Bier nicht austrinken. Wir können es ja nicht bezahlen.«

»Du träumst«, sagte Francis erregt. »Wach auf, John! Sie sind weg mit den Pferden.«

»Wer?«

»Die Indianer. Mit den Packpferden. Wir haben nichts mehr.«

Mit einem Satz fuhr John in die Höhe. Er brachte kein Wort heraus. Er keuchte und leckte sich die Lippen, als spüre er darauf noch den Staub eines Sommertages in der bewohnten Welt.

Francis lag jetzt mit dem Ohr auf dem Boden. »Man hört noch das Hufgetrappel«, sagte er. John rieb sich die Nase, die ihm weh tat. Im Schlaf hatte er sein Gesicht an den Gewehrlauf gedrückt. Er brachte noch immer kein Wort heraus. Francis sah ihn ratlos an. »Was sollen wir jetzt tun?«, fragte er.

Plötzlich brach John los, auf einmal war alles zu ihm durchgedrungen. Er setzte sich auf und begann zu schimpfen: »Diese Schurken, diese Schufte, diese dreckige Lumpenbande . . .« Es folgte eine endlose Flut von Schimpfwörtern, an denen der Verwalter von Fort Boisé nicht unschuldig war. Der Knabe wusste selber nicht, dass sich all die lieblichen Ausdrücke in seinem Gehirn eingenistet hatten. Jetzt spie er sie aus – und es half. Es war erstaunlich, aber tatsächlich half es ein bisschen. Francis lag noch immer in dem taufeuchten Gras auf Bauch und Ellbogen. Das Gesicht in die Hände gestützt, starrte er den Bruder mit offenem Mund an. Als John endlich erschöpft schwieg, sagte er ruhig: »Das hätten Vater und Mutter hören sollen.«

»Dann hätte ich es auch nicht nötig gehabt«, entgegnete John. Er schämte sich.

»Sag lieber, was wir jetzt tun sollen«, forderte Francis. Er setzte sich auf.

»Leg Holz aufs Feuer und koch Kaffee«, sagte John, während er aufstand. »Ich gehe zu den Schlingen und sehe nach, ob es etwas zum Frühstück gibt. Lass die Mädchen noch etwas schlafen, sonst fängt gleich wieder das Geheule an.«

Francis sah ihn vorwurfsvoll an. »Du fluchst viel mehr, als sie heulen.«

»Kümmere dich um den Kaffee«, schnauzte ihn John an.

»Wir haben keinen Kaffee. Und wir haben keinen Kessel. Und wir haben nichts. Alles ist weg.«

John sah sich um. Wahrhaftig, diese Schurken hatten die Pferde mit Sack und Pack mitgenommen. Sie besaßen nichts mehr als ihre Decken, ihre Waffen und die Becher, die zusammen mit Indepentias Saugflasche im zertretenen Gras neben dem schwelenden Feuer lagen. Er öffnete den Mund . . .

»Fang nur nicht wieder an«, warnte Francis.

Schnell biss John die Zähne zusammen. Aber was sollte er denn tun? Er ging rings um das Feuer und gab der Asche einen Tritt.

»Die Mokassins wirst du noch brauchen«, meinte Francis.

»Was faselst du denn heute zusammen?«, erwiderte John, aber er musste doch lachen. Da saß der naseweise kleine Francis kerzengerade und entschlossen vor ihm. Und plötzlich war John ihm dankbar. Er ging auf ihn zu, riss ihn in die Höhe, legte ihm die Hände auf die schmalen Schultern und sagte: »Hol mich der Geier, was täte ich ohne dich, du Lausebengel!«

Francis wurde rot vor Freude und Stolz. Er lachte und fügte schulmeisterhaft hinzu: »Pfui, John, du redest noch immer Boisé-Sprache.«

»So lass mich doch!«, rief John fast fröhlich. Wahrhaftig, die Knaben hatten ihren Spaß. Sie konnten die Zukunft nicht ganz düster sehen. »Nur noch die Grande-Ronde-Ebene und die Blauen Berge«, sagte John.

Die Begleitung der Indianer hatte die Kinder mehr bedrückt, als sie sich hatten eingestehen wollen. Jetzt waren sie diese Plage los. Dass sie auch die Pferde, die Vorräte und noch vieles andere eingebüßt hatten, war wohl schlimm, aber sie waren schon ärger dran gewesen. Sie hatten weder Hunger noch Durst, sie trugen gute Kleider, besaßen Waffen und waren gesund.

»Aber gemeine, heimtückische Schurken sind sie doch!«, bemerkte John. »Wo ist Oskar?«, fragte er plötzlich.

Francis wurde blass. Sie riefen und pfiffen. Sie suchten planlos herum. Keine Spur von Oskar.

»Natürlich haben sie auch ihn mitgenommen«, zischte John durch die Zähne. »Diese Erzlumpen. Indianer sind fast ebenso versessen auf Hunde wie auf Pferde. Natürlich ist alles in das Indianerdorf gewandert, dessen Feuer wir gestern rauchen sahen.«

»Oskar lässt sich nicht so einfach mitnehmen«, erklärte Francis.

»Um so schlimmer«, sagte John.

Durch das Rufen waren die Mädchen erwacht. Luise schüttelte ihr dunkles Haar übers Gesicht und begann sich den Hinterkopf zu reiben – davon wurde sie erst richtig wach, behauptete sie.

Käthe entdeckte als Erste, dass das Lager verlassener aussah als sonst. Sie schaute sich überall um und sagte dann hoffnungsvoll: »Sind sie weg, die ekligen Kerle?«

»Mit den Pferden«, antwortete John.

»Jemine!«, rief Käthe.

Luise sah erschrocken auf. »Was sagst du?«

»Die Indianer sind heute Nacht mit den Pferden und fast all unseren Sachen durchgebrannt. Sie haben alles gestohlen. Und Oskar ist auch weg.«

Luise, die besser als Käthe begriff, was das bedeutete, stiegen die Tränen in die Augen, wie es John erwartet hatte. Sie sagte nichts.

Mathilde und Lizzy, die zusammen in einem Sack schliefen, saßen aufrecht nebeneinander mit erschrockenen Augen. »John macht wieder ein Gesicht wie sieben Tage Regenwetter«, stellte Mathilde bedrückt fest. »Ist Oskar wirklich weg?«

»Glaubst du, dass ich Spaß mache?«, gab John bissig zurück. Es tat ihm weh, dass der Hund verschwunden war, aber er wollte sich, wie immer, möglichst wenig anmerken lassen.

In diesem Augenblick hörten sie es im Gestrüpp rascheln. Und ehe sie recht wussten, was geschah, stob Oskar in ihre Mitte, geradewegs zu Mathilde und grub seine Schnauze in ihren Schoß, während sein Schwanz hin und her ging wie ein wild gewordenes Pendel.

Mathilde beugte sich über den großen Hund, legte einen Arm um seinen Hals und sagte: »Bist du so froh, Oskar? Ach, bist du so froh, mein Hündchen?«

Lizzy klatschte in die kleinen Hände und rief: »Guck, John, guck doch.«

»Oh, bin ich froh!«, rief Käthe.

John sah sein Trüppchen an und musste lachen. Wir gleichen wahrhaftig einer glücklichen Familie, dachte er ein wenig bitter und dankbar zugleich.

Über Oskars Rücken lief eine riesige blutige Schramme, genau dort, wo er von seinem Gefecht mit dem Grislybären kahle Stellen als Narben zurückbehalten hatte. Als er endlich die Schnauze hob, sah John, dass auch der Nasenrücken zerschunden war. Seine Schnauze war zugebunden gewesen. Aber er hatte sich von allen Fesseln befreit.

»Armer Oskar«, murmelte er, neben dem Hund kniend, »du erreichst Oregon auch nur mit zerfetzten

Kleidern.« Er untersuchte die Wunden. Sie waren nicht tief.

Es war wirklich eine glückliche Familie, die eine halbe Stunde später beim Frühstück saß und gebratenes Fleisch aß, während Indepentia krähend im Sonnenschein auf der Decke lag und mit ihren Händchen spielte und Anna mit ihrer großen, rauen Zunge feuchtes Gras rupfte.

»Wenn du es nicht so schlimm findest, dass sie weg sind, John, finde ich es auch nicht schlimm«, sagte Luise gut gelaunt.

»Ich finde, es waren widerliche Ekel«, rief Käthe.

Alle waren sich einig. Und mit Wohlbehagen nagten sie an den zähen Kaninchenkeulen.

11

Aber es war keine glückliche Familie, die anderthalb Wochen später, nachdem sie der Spur am Südrand der schönen, aber sumpfigen Grande-Ronde-Ebene gefolgt war, am Fuß der Blauen Berge die ersten gewaltigen Herbstregengüsse erlebte.

Der Regen prasselte ebenso unbarmherzig hernieder wie in jener Unwetternacht in der Wagenburg. Damals hatten die erwachsenen Leute geglaubt, es wäre der Weltuntergang, es wäre die Sintflut. Und doch waren sie nicht ertrunken. Aber jetzt mussten die Kinder das Unwetter ohne jeden Schutz über sich ergehen lassen. Schwarze und graue Wolkenungetüme entluden sich über der wilden Berglandschaft. Es war finster, der dichte Regen verschluckte jeden Lichtstrahl. Zitternd drückten sich die Kinder in einer Felsenschlucht an eine bemooste Wand, die im Nu glatt und schlüpfrig wurde. Der Regen rauschte, die Flüsse schwollen an, Wildbäche stürzten zu Tal. Erdklumpen und Steine lösten sich, ganze Sträucher und Bäume wurden entwurzelt und mitgerissen. Umgeben von einem Kranz schwarzer Berge, durch die sich wie weiße Streifen schäumende Bäche und Flüsse zogen, lag die Ebene in kurzer Zeit fast völlig überschwemmt da. Wie schwarze Inseln ragten dunkle Gebüsche aus dem vom Regen gepeitschten Wasser.

Der Regen peitschte und schlug auch die Kinder, die in der Schlucht an der Bergwand klebten. Zu Tode erschrocken standen sie nebeneinander, die Gesichter zu der rauen Felswand gekehrt, an der das Wasser wie ein Vorhang herabströmte. Ihr Atem ging mühsam, die harten, eisigen Wasserstrahlen hämmerten auf ihre Rücken, es war, als hätten sie keine Kleider mehr am Leib. Herabgespülte Steine wurden ihnen gefährlich. John stand über Lizzy gebeugt, die sich vor Angst schreiend an seine Beine klammerte, und über das völlig durchweichte Bündelchen Indepentia, die in einem nassen Bett von dichtem Zwerggestrüpp auf dem Boden lag. Er drückte die Handflächen gegen die Bergwand und schützte die beiden mit Rücken, Schultern und Kopf, so gut er konnte. Ein scharfer kleiner Stein traf ihn am Hinterkopf – das herabströmende Wasser wusch das Blut gleich weg.

»Das kann unmöglich lange dauern«, sagte er zwischen zusammengebissenen Zähnen zu Francis, der mit über dem Kopf gekreuzten Armen an der Wand lehnte.

John und Mathilde waren die Einzigen, die sich ab und zu umsahen. Mathilde fürchtete von allen Kindern die Kraft der Elemente am wenigsten. Jetzt aber waren auch ihre Augen starr vor Entsetzen. Das Haar klebte ihr am Kopf wie ein glatter, dunkler Helm und sie spürte nicht einmal mehr, wie ihr das Wasser über den Körper lief. Sie stand zwischen John und Francis eingeklemmt und konnte nichts von Luise und Käthe sehen, die mit über den Kopf erhobenen Händen, dicht aneinandergeschmiegt, an der Bergwand kauerten. Hinter ihnen brüllte Anna, angstvoll und pausenlos. Oskar lag zwischen ihren vier Beinen, das Wasser strömte an Annas Flanken und Bauch entlang und lief über sein glänzendes, dunkles Fell. Er keuchte mit offener Schnauze und die Zunge hing ihm heraus, als sei er durstig.

Der Regen prasselte. Es tat weh. »Hagel«, murmelte John. Hagel, gemischt mit Regen, peitschte ihre Haut, riss sie blutig, aber der Regen wusch das Blut gleich weg.

»Aushalten!«, zischte John über Francis' Kopf zu den kauernden Mädchen hinüber.

»'türlich!«, rief Francis gepresst zurück.

Jetzt kam jämmerliches, halbersticktes Geschrei aus Indepentias durchweichtem Fellsack. John biss die Zähne zusammen.

Es *konnte* nicht lange dauern. So viel Wasser und Hagel konnte es ja im ganzen Himmel nicht geben. Ratlos sah er sich nach dem Haufen der Schlafsäcke um, mit denen er die Gewehre und das Pulverhorn zugedeckt hatte. Was konnte einer solchen Regenflut widerstehen? Verzweiflung ergriff ihn – sie waren so gut vorwärts gekommen, das Ziel war nicht mehr so sehr weit, nur noch diese letzte Bergkette und dann . . . Aber ohne brauchbare Waffen und ohne Material um Schlingen zu legen . . . Lieber Gott, was sollen wir dann beginnen?

Sie waren so gelähmt und atemlos, dass sie nicht einmal merkten, wie der Regen nachließ. Plötzlich horchte John auf. Er vernahm ein anderes Rauschen, unregelmäßiger, durch Krachen unterbrochen, unheilvoll anwachsend. Die Schlucht war zum Bachbett geworden, sie standen bis zu den Fußknöcheln im reißenden Wasser. John merkte jetzt, dass das Wasser anstieg. Schwarze Erde kam mit, Steine, abgebrochene Äste, Wurzelstücke mit langen Bärten. Und als er hinaufschaute, dem strömenden Wasser entgegen, sah er, dass langsam eine riesige Baumkrone herangeschoben wurde. Die Äste stießen knackend an die Bergwand. Langsam kam der Baum näher. Das Wasser strömte schäumend und brodelnd darunter durch. Noch wurde er von den Felswänden gehemmt. Wenn er aber erst die Stelle erreichte, wo – etwa fünfzig Meter von ihnen entfernt – die Schlucht sich verbreiterte, würde er bedrohlich auf die Kinder zurasen. Dann gab es kein Ausweichen mehr. Der Weg nach unten war beschwerlich und schlüpfrig.

Die andere Wand der Schlucht war weniger steil als die, an der sie Schutz gesucht hatten. Das konnte ihre Rettung sein.

»Francis!«, schrie John. »Der Baum! Wir müssen

auf der anderen Seite hinauf. Geh du voran, ich komme zuletzt.«

Wortlos ergriff Francis Lizzys Hand und sprang mit ihr über die Steine, durch das reißende Wasser, zur anderen Seite der Schlucht. John schob Luise, Käthe und Mathilde vorwärts. »Los, hinter Francis hinauf! Haltet euch an den Sträuchern fest!« Er nahm Independentia in den linken Arm, schob mit der rechten Hand die anderen weiter vorwärts und stieg hinter ihnen her. Sie kletterten auf Händen und Füßen, rutschten aber manchmal zurück. John maß den Abstand, er maß die Höhe und Breite des sich stets weiterschiebenden Baumriesen, der die Schlucht mit dem Krachen brechender Äste erfüllte. Jetzt befanden sie sich wohl hoch genug, sie waren in Sicherheit. Das Astgewirr näherte sich der erweiterten Schlucht immer mehr. Unten lagen noch die Gewehre und die Schlafsäcke – und da stand Anna, angstvoll brüllend, am Fuß der Bergwand, mit den Vorderhufen auf einem Felsblock, das Wasser spritzte ihr um die Beine. Oskar war den Kindern nachgelaufen, jetzt stand er oben vor John und bellte.

»Nimm sie!«, sagte John und legte Independentia in Käthes Arme. »Halt sie gut fest.«

In einem halsbrecherischen Tempo ließ er sich hinuntergleiten. Bis an die Knie im ständig steigenden Wasser, packte er die Schlafsäcke und warf sie hinauf, so hoch er konnte – dort wurden sie von dem Gestrüpp aufgefangen. Dann hängte er sich zwei der Gewehre über die Schulter – das dritte musste er liegen lassen – und nahm das Pulverhorn und schleuderte es hinauf bis knapp vor Francis. Nun packte er

Anna am Halsriemen und zog sie mit sich. Das Tier folgte, es wollte nichts anderes, als bei den Kindern sein. Wie tapfer es kletterte! John zog, was er konnte, und hielt sich an Sträuchern fest. Der Baum blieb knapp vor der Verbreiterung der Schlucht stecken – eine vorstehende Felsspitze versperrte ihm den Weg. Das Wasser schäumte und brauste immer heftiger.

»Es regnet nicht mehr!«, schrie Käthe plötzlich.

John blickte hinauf. In all der Gefahr und Aufregung hatte er nicht einmal bemerkt, dass es sich aufhellte. Und Anna war noch immer nicht in Sicherheit. Der Baum konnte jeden Augenblick wieder in Bewegung geraten. John zog, so fest er konnte. Dass es nicht mehr regnete, verlieh ihm neuen Mut und doppelte Kraft.

Francis war ein Stück weit hinuntergeklettert um die Schlafsäcke zu holen. Die Mädchen lagen mit ausgestreckten Armen bäuchlings auf einer Felsplatte um sie hinaufzuziehen. Nur Mathilde blickte unverwandt auf Anna, die immer näher kam. »Anna, Anna, komm doch nur. Nicht fallen. Anna, Anna!«, rief sie fortwährend. Auch die Kuh befand sich jetzt hoch genug, aber sie stieg beharrlich weiter um die Kinder zu erreichen.

John wollte sich gerade noch einmal hinunterlassen um das kostbare dritte Gewehr zu retten, als plötzlich ein Lärm losbrach, als habe in der Nähe der Blitz eingeschlagen. Mit vernichtender Gewalt donnerte der Baum zu Tal. Unter betäubendem Krachen, Scheuern, Bersten und Brechen schoss er durch die Schlucht. Mit stockendem Atem starrten die Kinder hinab.

Von oben gesehen, glich das gefährliche Ungetüm

einem besiegten Riesen, das nackte, ausgerissene Wurzelgewirr machtlos hochgestreckt. Schneller und schneller schoss er jetzt abwärts. Die Spannung löste sich, als er ihrem Blick entschwand.

»Dein Kopf blutet, John«, sagte Käthe.

Er strich sich mit der Hand über seinen Hinterkopf; es war nur eine unbedeutende Platzwunde.

Der Himmel hatte sich geklärt, die Sonne brach durch die Wolken. Es war eine freundliche, noch warme Herbstsonne, die die Berghänge zum Dampfen brachte. Aber die Kinder zitterten. Jetzt froren sie noch mehr als während des ärgsten Regens in ihren nassen Kleidern und mit den triefenden Haaren. Die kleinen Mädchen schlotterten und weinten. Käthe versuchte sich zu beherrschen, aber ihr Kinn zitterte.

»Bewegen!«, befahl John. »Immerfort bewegen! Klettert ein bisschen rauf und runter. Ich schaue mir inzwischen die Gegend an.«

Als er nach einer Stunde wiederkam, fand er ein Häufchen todunglücklicher Kinder vor. Nur Francis lief ständig um alle herum, immer ringsherum wie ein Schäferhund um seine Herde. Aber er war blau gefroren.

John trieb die Kinder auseinander: »Vorwärts, auf die Beine! Wir gehen noch ein Stück höher hinauf. Komm, Luise, sei kein Kind!« Das arme Mädchen klapperte mit den Zähnen, obwohl sie tat, was sie konnte um es zu unterdrücken. »Los, dort oben ist ein Platz in der prallen Sonne, windgeschützt, und sogar eine Trockenstange für die Kleider gibt es.« Käthe ließ als Einzige ein schwaches Gelächter hören.

»Ich bin froh, dass wieder einmal eines von euch wiehert«, meinte Francis.

Wie eine Brut nasser, verunglückter Küken folgten sie John.

Der Platz, auf den John endlich deutete, lag wirklich günstiger, als sie gehofft hatten. Er war geschützt und sonnig. Das niedrige Krähenbeerenkraut, das dort wuchs, war obenauf sogar schon wieder getrocknet. Der Hang lag so schräg, dass die ziemlich tief stehende Sonne senkrecht darauf schien. Selbst den aufsteigenden Dampf empfanden die Kinder als warm, wärmer jedenfalls als ihre erstarrten Körper. John wies stolz auf die Trockenstange: Schräg über einem riesigen Felsblock lag ein dürrer Baumstamm. Er lag wohl schon viele Jahrzehnte so. Die Rinde war abgegangen, das Holz faserig vertrocknet vor Alter. Silbergrau verwitterte Äste reckten sich in die Luft.

»Daran hängen wir unsere Kleider auf«, sagte John. Er warf als Erster alle Kleider ab. Gleich darauf hing die gesamte Wäsche dort zum Trocknen. Lizzy hatte bald alles Elend vergessen, sie lief splitternackt herum und krähte vor Wonne. John war damit beschäftigt, Independia zu reiben, bis ihr ganzes Körperchen feuerrot war. Dass sie dabei schrie, ließ ihn jetzt völlig kalt. Sie musste warm werden. Francis hatte auf Johns Geheiß viele Zweige abgeschnitten und von den Blättern befreit. Nun gab er jedem der Kinder ein Bündel davon in die Hand: »Schlagt euch warm, schlagt euch warm!«, rief er.

»Wer am rötesten wird, bekommt eine Belohnung!«, schrie John. Was sind sie doch für zähe kleine Teufel, dachte er stolz, während er den Geschwistern zusah, wie sie herumrannten und die Ruten schwangen. Er kniete auf dem Boden und wiegte die Kleine hin und her. Sie beruhigte sich nach und nach. Jetzt ging er zur »Wäschestange« und griff hinauf – sein Hemd war schon trocken. Er wickelte Independentia hinein. Nun wälzte er sich selbst wie ein Füllen in dem struppigen Krähenbeerenkraut. Nach kaum einer Minute war er feuerrot und voller Schrammen. Und warm.

Die Hemden trockneten zuerst. Bald liefen die Kinder in dem grauweißen Zeug herum. Käthe hatte den Preis gewonnen. Sie glühte von Kopf bis Fuß, ihre Ohren brannten, ihre Zehen leuchteten. Als John ihr einen Becher Milch von Anna reichte, verstummte sie vor Glück. Sie sagte nur: »Ooooooh.«

Die wasserdichte Zunderdose an Johns Gürtel war wirklich innen trocken geblieben. Auch das Holz des toten Baumes war jetzt trocken genug. Als das Feuer hell loderte, merkten die Kinder, dass sie Hunger hatten. Aber es war nichts zu essen da. »Erst muss das Pulver ganz trocken werden«, sagte John.

Sie breiteten die Schlafsäcke in der Sonne aus. John schüttelte den Inhalt des Pulverhorns darauf. Er riss einen Streifen von seinem Hemd ab und ging daran, die Gewehre auseinander zu nehmen und trockenzureiben. Er machte ein besorgtes Gesicht.

»Ich will lieber zuerst ein paar Schlingen auslegen«, sagte er. Und er holte die Streifen Ziegenleder, die an seinem Gürtel am Baum hingen.

»Aber du hast ja keinen Köder«, sagte Francis.

»Nein, ich habe keinen Köder«, gab John zu.

Er riss noch ein Stück von seinem Hemd ab und legte es auf seine Wunde am Kopf. Aber sie blutete nicht mehr stark genug. Da nahm er sein Messer, drehte sich um, machte mit geschlossenen Augen einen tüchtigen Schnitt in seinen Oberschenkel und fing das Blut mit dem Lappen auf. »Jetzt habe ich einen Köder«, sagte er. »Der wird sie wohl locken.«

Francis sah John bewundernd an. »Nimm auch ein bisschen von mir, John«, bat er.

»Dein Blut ist noch zu jung«, neckte ihn John. »Das riecht nicht.«

»Mein Blut riecht gewaltig«, verteidigte sich Francis.

»Du hast gehört, dass ich es nicht brauchen kann«, erwiderte John schroff. Mit den Schlingen und dem seltsamen Köder entfernte er sich.

Immer mehr Kleidungsstücke wurden trocken. Als John zurückkam – es dauerte ziemlich lange – waren alle angezogen. Er trug etwas – es war eine große, vermutlich ziemlich alte und zähe Waldtaube, die der Hagel erschlagen hatte. Jeder bekam einen Bissen von der gebratenen Taube. Die Knochen wurden zu der letzten Schlinge gelegt. Sie aßen noch ein wenig von den harten, sauren Krähenbeeren. Lizzy und Indepentia bekamen Milch.

Gebe Gott, dass die in Fort Boisé gewonnenen Kräfte noch eine Weile vorhalten, dachte John.

Die Schlafsäcke waren noch feucht, aber sie krochen trotzdem hinein, immer zwei und zwei, so nah wie möglich beim Feuer. Sie schliefen fest und ruhig, obgleich die Wölfe heulten.

12

Das Unwetter war nur ein kleines Vorspiel gewesen. Sie zogen durch eine wilde Landschaft mit tiefen Schluchten und tückischen Spalten, die sich unter dichtem Gestrüpp verbargen, mit reißenden Strömen und dicht bewachsenen Berghängen. Sie richteten sich nach dem Stand der Sonne und drangen immer weiter nach Nordwesten vor. Sie zogen über Hügel und enge Bergpässe. Manchmal irrten sie stunden-, ja tagelang umher, bevor sie wieder ein Stück vorankamen – so unwegsam war oft das Gelände, so unauffindbar eine Spur.

Regengüsse, Hagel und Schnee stürmten auf sie ein und machten sie elend und mutlos. Jede Nacht gab es Frost. Ihre Mokassins waren durchgelaufen. Sie wickelten Streifen von Wolfsfell um die Füße, aber das war kein ausreichender Schutz. Höher oben stapften sie durch tiefen Schnee, der ihnen bis an die Knie, manchmal bis an die Hüften reichte. John legte den Weg immer dreimal zurück, er trug abwechselnd Lizzy und Indepentia.

Die Kinder hatten Hunger. Die Pistolen und Gewehre waren unbrauchbar geworden – nach dem ersten furchtbaren Regen hatte John sie nicht mehr instand setzen können. Er ließ sie als nutzlose Last zurück. Nur der Vorderlader taugte noch, aber auch nicht immer, manchmal versagte er. Auch mussten sie mit dem Pulver sparsam umgehen, denn viel hatten sie nicht mehr. John schoss noch ab und zu einen Wolf, einmal auch eine magere Bergziege. Sie halfen sich mit Fallenstellen und Schlingenlegen, aber sie fingen selten etwas. Manchmal fanden sie am Morgen nur ein Gerippe in der Falle. Dann hatte irgendein Raubtier eine leichte Beute gefunden. Sie tranken Regen- und Schneewasser. Ihre Füße froren, schwollen an und bekamen offene Wunden.

Die Kuh magerte ab, alle Rippen waren zu sehen. Aber sie gab immer noch ein klein wenig Milch. Sie nährte sich von Grasbüscheln, manchmal machten die Kinder für sie ein Stück Boden schneefrei. Wenn sie gar nichts anderes fand, fraß sie auch Moos.

Sie legten nicht mehr als fünf, sechs Meilen am Tag zurück. Mutlos, mit dunkel umränderten Augen, ging John voraus. Warum kam auch hinter jedem Bergkamm wieder ein neuer zum Vorschein? Die Kinder schleppten sich dumpf vor Verzweiflung, stumpf vor Erschöpfung auf ihren wunden Füßen hinter ihm her.

Wie verirrte Lämmer suchten sie Schutz unter Bergwänden, großen Felsblöcken oder unter einem umgestürzten, abgestorbenen Baum. Sie wärmten sich an riesigen Feuern. Tausendmal jammerten die Kleinen, immer wieder weigerten sie sich weiterzugehen, aber John trieb sie ohne Erbarmen vorwärts. Lizzy bekam schon lange keine Milch mehr und Indepentia sah erbärmlich aus. Sie war so schwach, dass ihr Jammern fast unhörbar wurde, und manchmal war John im Zweifel, ob sie überhaupt noch atmete. Er versuchte sie mit seinem eigenen Atem zu erwärmen, während er auf ihren schwachen Herzschlag lauschte.

Die Kleider, die sie in Fort Boisé bekommen hatten – es schien schon Jahre her –, hingen in Fetzen an

172

ihnen herunter. Die Kinder sprachen kaum mitein-
ander. Sie hatten Angst vor John, mehr noch als damals im Schlangental, als sie unter Durst, Fliegen
und Stechmücken gelitten hatten. Er war jetzt noch
härter, noch strenger, noch unerbittlicher als früher.

Eines Abends saßen sie vor einem großen Feuer. Es
wurde jetzt schon früh dunkel, der Herbst näherte
sich seinem Ende. Sie streckten die blauroten, aufgesprungenen und geschwollenen Hände der wärmen-
den Glut entgegen. John saß mürrisch abseits, tod-
unglücklich. Ringsum heulten die Wölfe. Hin und
wieder sah man in der Finsternis glühende Augen.

Die Kinder legten sich schlafen. Sie hatten nichts
zu essen gehabt. John blieb auf und wachte. Er hielt
Independia, die er in ein Wolfsfell gehüllt hatte, in
den Armen. Er vertrieb sich den Schlaf, indem er an
früher dachte. Die Erinnerungen waren seine einzige
Zuflucht. Von der Zukunft zu träumen, wagte er
nicht mehr. Er wagte kaum mehr zu hoffen, dass sie
das Columbiatal jemals erreichten. Wenn der strenge
Winter erst richtig begann, würden sie wohl ein-
schneien und verhungern. Er hatte keine Vorstellung
mehr von der Entfernung, die sie vom Ziel trennte.

Mit Gewalt versuchte er sich einen Sonntagmor-
gen auf der Farm ins Gedächtnis zu rufen. Vater mit
der Bibel, Mutter im Sonntagskleid – Luises Stimme
hörte man tapfer falsch singen, lauter als alle anderen, er selber brummte verlegen mit. Er trug einen
neuen Anzug, Francis hatte seinen alten bekommen
und zum Trost einen neuen, glänzenden Ledergürtel
dazu. Im Hause duftete es köstlich, Mutter hatte Kuchen gebacken. Lizzy lag in der Wiege, sie krähte und

spielte mit den Händchen. Sie hatte dicke, runde Ärmchen – Independentias Ärmchen waren dünn wie Stöckchen.

Er hatte Sehnsucht nach früher. Er hatte so schreckliche Sehnsucht nach früher. Nach dampfendem Maisbrei, nach Kuchen, nach einem Herdfeuer, nach heißer Milch, nach Vaters dunkler Stimme, nach Mutters warmer Hand in seinem Nacken – sie fuhr immer gegen den Strich die Haare hinauf. Nach dicken Kinderärmchen, ach, nach dicken Kinderärmchen! Wenn Independentia nun . . .

Er wagte nicht zu Ende zu denken. Wenn sie sterben musste, wünschte er, dass sie alle zugleich sterben könnten. Nicht nacheinander. Bitte nicht nacheinander, lieber, guter Gott, bitte nicht nacheinander! Dicke, heiße Tränen liefen ihm über die Wangen. Er öffnete Independentias Tücher ein wenig und ließ die Tränen auf ihr Gesichtchen fallen. Warum er das tat, wusste er selber nicht. »Independentia, liebe kleine Independentia, bleib bitte leben! Bitte!«

Ein ganz schwacher Laut kam aus ihrem Mund. Er lauschte hoffnungsvoll, er lächelte in der Dunkelheit. Dann schloss er das Wolfsfell wieder fest um die Kleine und wiegte sie. Das hielt auch ihn wach. Er durfte nicht einschlafen, er musste ja immer wieder Holz aufs Feuer legen. Die glühenden Wolfsaugen sollten nicht näher kommen.

Am nächsten Tag weigerte Käthe sich hartnäckig weiterzugehen. John packte sie mit verbissenem Gesicht roh an den Armen, legte sie übers Knie und gab ihr eine Tracht Prügel, bis er nicht mehr konnte. Dann stellte er das benommene Kind auf die Füße.

»Wirst du jetzt weitergehen?« Sie nickte stumm. Sie weinte nicht einmal. Tränen wären ihm lieber gewesen. Sie hätten besser zu Käthe gepasst.

Am Nachmittag glitt Anna aus. Sie fiel ungeschickt auf die Seite. Luise, die neben ihr ging, geriet unter sie. Sie schrie auf. Als die Kuh wieder auf den Beinen stand, konnte Luise nicht aufstehen. John sah, dass sie wirklich nicht konnte. Ihr rechtes Bein lag seltsam verdreht unter ihr. Er wollte es zurechtlegen, da schrie sie auf: »Es ist gebrochen, John.«

Es war wirklich gebrochen, das konnte jedes Kind sehen. John schaute sie unglücklich an. Luise stöhnte und wiegte den Oberkörper hin und her vor Schmerz. Sie biss sich auf die Lippen.

Jetzt konnten sie nicht mehr weitergehen. Sie machten ein Feuer. Der Platz, auf dem sie sich befanden, schien ziemlich günstig. Luises Bein schwoll an. John kletterte zu einem kleinen, etwas weiter oben am Berghang gelegenen Schneefeld. Er machte harte Schneebälle und warf sie hinunter. Francis fing sie auf. Als ein ganzer Haufen beisammen war, ging er wieder zurück. Die Schneebälle drückte er an Luises Bein – das hatte er seinen Vater einmal bei dem gequetschten Bein eines Pferdes tun sehen. Die Schwellung war daraufhin zurückgegangen. Sie ging auch jetzt zurück, aber es brauchte viel Zeit. Das machte nichts. Weitergehen konnten sie ohnehin nicht. An morgen wagte er gar nicht zu denken.

Sie machten ihr Lager zurecht. Als es dunkel war, sagte Luise: »Geh nur schlafen, John. Ich rufe dich schon, wenn etwas los ist oder wenn Holz nachgelegt werden muss. Ich kann doch nicht schlafen.«

Kurz darauf schlief er wie ein Stein.

Oskar war es, der am Morgen die Entdeckung machte. Erst lief er lange Zeit unruhig schnüffelnd herum und nahm schließlich eine Spur auf, die er nicht aufgeben wollte, der er aber nicht recht zu folgen wagte. Francis ging ihm nach. »Nicht zu weit!«, rief John.

Oskar und Francis verschwanden zwischen dem braunen Unterholz. Auf einmal begann der Hund wütend zu bellen. Francis rannte zurück. Er winkte mit den Armen und schrie: »John, John, dein Gewehr! Schnell!«

John rannte hinter Francis her. Sie bahnten sich einen Weg durch das dichte Geäst bis zu Oskar, dessen aufgeregtes Gebell von einem schauerlichen Brummen unterbrochen wurde. In einer Höhle im Schutz einer Felsmulde, gut versteckt hinter Gestrüpp, lag schräg hintenüber ein gewaltiger, alter Bär, die Augen verborgen hinter rötlichen Haarbüscheln, die vier Pranken mit den gefährlichen Krallen vorgestreckt. Aus dem geöffneten Maul kam ein gefährliches Brummen. Als die Jungen hinter dem Hund auftauchten, versuchte das Tier sich aufzurichten. Es erhob sich ein wenig – da sprang blitzschnell Oskar hinzu und biss sich in der wolligen Kehle fest. Der Bär stieß ein fürchterliches Gebrüll aus und richtete sich mit letzter Kraft auf. Schwankend stand er auf den Hinterbeinen. John zielte, drückte ab – das Gewehr versagte. Doch im nächsten Augenblick fiel der Bär wieder nach hinten. Oskar blieb ihm an der Kehle. John trat ein paar Schritte zur Seite, er wollte das Untier in den Kopf schießen. Wieder versagte das Gewehr. Und wieder versuchte der Bär sich aufzurichten. Es gelang ihm nicht. Mit einem wuchtigen Schlag seiner linken Vordertatze schleuderte er Oskar weg. Der Wolfshund heulte auf, sprang aber gleich wieder vorwärts und schlug dem Bären von neuem die Zähne in die Kehle.

Die Knaben standen atemlos. John versuchte nicht einmal mehr einen Schuss abzugeben. Der Bär war erledigt. Oskar hatte ihn alt und sterbend gefunden. Jetzt hatte der Hund den Tod des Bären beschleunigt. Das Blut floss ihm aus den Wunden am Hals. Es dauerte nicht lange.

Oskar war nicht von dem toten Bären wegzubringen. Die Jungen gingen langsam zurück.

»Ein Bär – tot in seiner Höhle«, sagte Francis mühsam.

Stumpf hoben die Mädchen die mageren Gesichter. Luises einzige Antwort war ein Stöhnen.

John setzte sich ans Feuer und deutete auf Francis' Jagdmesser. Francis gab es ihm. John schliff es an dem seinen. Als beide Messer haarscharf waren, ging er wieder zu dem Bären. Francis sollte bei den Mädchen bleiben und auf das Feuer achten.

John arbeitete den ganzen Tag; aber dann war die Haut auch innen sauber geschabt und die Mädchen konnten ihre Beine unter das dicke Winterfell des Bären stecken. Große Fleischstücke wurden über dem Feuer gebraten, das Fett lief zischend in die Flammen. Jeder konnte essen, so viel er wollte. John legte Fallen und Schlingen mit Bärenfleisch als Köder – er brauchte Wölfe wegen der warmen Felle.

An diesem Tag gab Anna nur ein paar Tropfen Milch. John vermischte sie mit Schneewasser und presste Blut aus dem Bärenfleisch in den Becher, den er zum Erwärmen in die heiße Asche stellte. Er dachte, es wäre etwas Ähnliches wie Fleischbrühe. Als er schließlich mit endloser Geduld alles in Indepentias Mündchen getropft hatte, erbrach sie noch mehr als die ihr eingegebene Portion. Wie tot lag sie in seinen Armen. Ratlos blickte er zu Luise hinüber; aber die lag mit geschlossenen Augen da und stöhnte vor Schmerzen.

»Wir bleiben hier«, beschloss John. »Wir ziehen in die Bärenhöhle. Sie ist so groß, dass wir alle darin liegen können. Ich schneide das Gestrüpp davor weg, dann zünden wir ein Feuer an. Drinnen haben wir es warm und sind geschützt. Wir bleiben, bis wir das Bärenfleisch aufgegessen haben, und essen jeden Tag, so viel wir nur können. Dort oben liegt genug Schnee, den wir schmelzen können. Vielleicht bessern sich Luises Schmerzen, wenn sie ein paar Tage ruhig liegen kann. Ich will versuchen Wolfsfelle zu erbeuten, Francis sorgt für Holz und fürs Feuer. Die anderen sollen von morgens bis abends Futter für Anna suchen.«

Das war das Allerwichtigste. Die Kuh durften sie nicht verlieren. Sie musste wieder etwas Milch geben und sie musste im Stande sein Luise auf ihrem Rücken zu tragen – wie sollte das Mädchen sonst weiterkommen?

In der Bärenhöhle stank es scharf und ranzig. Aber sie hatten das Gefühl in einem Haus zu wohnen. In einem herrlich warmen und sicheren Haus mit einem Dach und einem Fußboden und einem Kaminfeuer. Käthe hatte sich satt und rund gegessen, jetzt wurde sie wieder gesprächig.

»Pfui Teufel, was für ein Gestank!« Sie rieb sich gemütlich an der Felswand. »Aber herrlich warm, noch viel wärmer als früher zu Hause im Schweinestall. O jemine, was sind wir für magere Schweinchen!«

»Du hast so viel gefuttert, du bist jetzt gerade recht zum Schlachten«, meinte Francis. »Bald ist Weihnachten.«

»Lass die Dummheiten«, fauchte ihn Käthe an, mit Tränen in den Augen. »Wer redet jetzt von Weihnachten?«

»Zu Weihnachten sind wir in der Missionsstation von Doktor Whitman«, sagte John langsam. »Dann essen wir Gans mit gebratenen Äpfeln und Kuchen und . . .« Überrascht und ungläubig lauschten die Kinder den verheißungsvollen Worten aus Johns Mund.

». . . und Nüsse und Apfelsinen«, ergänzte Käthe, plötzlich ganz begeistert, »und Pfannkuchen mit Beerengelee.«

»Und zu Weihnachten tanzen wir«, sagte Mathilde, träumerisch ins Feuer blickend.

Oder wir liegen unterm Schnee, dachte John, aber das brauchten die Kinder nicht zu wissen.

Dankbar lauschte er Francis' und Käthes Neckereien. Sollte es rotes oder schwarzes Beerengelee sein? Luise lag still, aber mit offenen Augen. Sie war die Einzige, die Johns Lächeln sah. Und plötzlich begann sie ihn ein wenig zu verstehen.

Sechs Tage blieben sie in der Bärenhöhle. Länger wagte John nicht zu warten, denn auf den Bergpässen lag schon Schnee.

Sechs schwere Marschtage folgten. John hatte Luises Bein geschient. Dann hatten er und Francis die Schwester auf Annas Rücken gehoben und sie mit Riemen aus Wolfsfell festgebunden. Von dem Bärenfleisch hatten sie so viel, wie sie tragen konnten, in Felle gewickelt und mitgenommen. Aber es reichte nicht lange.

Drei Tage brauchten sie um einen Bergkamm zu ersteigen, hierauf zwei Tage zum Abstieg auf der anderen Seite. Als sie gestern am Fuße eines neuen Berges gestanden hatten, hatte John auf den schneebedeckten Gipfel gedeutet und gesagt: »Vielleicht ist das der Letzte.« Aber niemand glaubte mehr an den Letzten.

Mutlos stapften sie jetzt durch den hohen Schnee. Es sah aus, als sollten sie den Gipfel nie erreichen. John zeigte sich härter und unfreundlicher als je – er war ratlos und musste seine Verzweiflung verbergen. Unbarmherzige Strenge war die einzige Rettung.

Er ging voran. Er trat einen Pfad für die anderen. Unter dem Schnee war der Felsgrund scharf und rau, aber auch der Schnee selber stach mit tausend Nadeln in seine wunden, schlecht geschützten Füße. Sein Herz hämmerte gegen die Rippen. Die federleichte Independia war eine schwere Last in seinen Armen.

Verbissen weiterstapfend näherte er sich immer mehr dem Gipfel. Oben wollte er Independia niederlegen und die anderen holen. Ab und zu hörte er Francis' Stimme, wenn der Bruder die Mädchen anspornte oder Anna zusprach. Luise hielt sich tapfer mit ihrem gebrochenen Bein. Seitdem sie wieder auf dem Marsch waren, hatte er keine Klage von ihr gehört.

Jetzt hatte er die Höhe erreicht. Langsam, ganz langsam machte er die letzten Schritte. Er schaute über den Kamm und er sah . . .

Das – das war nicht möglich! Wie denn, so plötzlich? Es war etwas Gewaltiges, was er dort sah. Etwas so Herrliches, so Unglaubliches – es konnte nur eine Sinnestäuschung sein. Er schüttelte den Kopf, schloss ein paar Mal die Augen, öffnete sie wieder. Er blickte auf Independia, er blickte hinunter . . . Es war keine Sinnestäuschung. Es war das, was er all die Wochen ersehnt hatte. Und jetzt, da er es sah, konnte er es nicht glauben.

Tief unter ihm, tief unter dieser letzten Kette der Blauen Berge lag ein weites, großes schönes Tal mit noch herbstlich gelben Bäumen und Sträuchern. Dort sah er die kleinen Vierecke einzelner Blockhäuser. Aus einem Kamin stieg eine Rauchfahne auf. Das war Doktor Whitmans Missionsstation. Das war Oregon. Es musste das Columbiatal sein, was er dort unten sah, – ein silbernes Band schlängelte sich durch das üppige Grün.

O großer Vater im Himmel, sie waren da!

Er sah sich nicht nach den anderen um. Er winkte nicht und schrie nicht. Er stand reglos, den Blick talwärts gerichtet, und ließ sie herankommen.

13

Mit blutenden Füßen hatten sie den letzten Bergkamm erstiegen. Sie standen auf dem Grat und starrten hinunter in das weite Tal im Westen. Hinter ihnen lag eine vorweltliche Landschaft, ein von tiefen Schluchten zerrissenes Gebirge, eine harte, wilde Welt in Schwarz und Weiß. Wie geduldige Schnecken hinauf- und hinunterkriechend hatten sie ihren Weg gefunden, eine Karawane winziger Zwerge im Lande der Riesen.

Unter ihnen, am Fuß des langen, langen letzten Hanges, lag das fruchtbare Tal in warmen Herbstfarben. Dort in der Tiefe schlängelte sich der Fluss und ringsherum bis in die fernsten Fernen, wo die ganze Welt blau wurde, erstreckte sich das unendliche Hügelland von Oregon, das Land, das alle Versprechungen und Träume wahr machen sollte.

Die Kinder starrten hinunter. Sie zitterten. John ließ ihnen nicht viel Zeit. Mit tastenden Schritten begann er den langen Abstieg. Langsam folgten sie ihm – bergab – bergab – bergab. Oskar lief voraus.

John ging wie im Traum. Seine mit Streifen aus Wolfsfell umwickelten Beine waren gefühllos. Dennoch trugen sie ihn noch immer. Er blickte in die Tiefe. Ein Lederriemen hielt ihm das lange Haar aus der Stirn. Auf dem Rücken trug er die kleine Lizzy, in seinen Armen das Fellbündel Indepentia, in dem sich schon seit vielen Stunden nichts regte. Vielleicht war sie tot . . .

Hinter John wankte die Kuh. Sie keuchte. Das Abwärtsgehen fiel ihr bedeutend schwerer als das Klettern. Ihre Hufe waren abgeschliffen und gespalten. Auf ihrem Rücken mit den entzündeten, verschmutzten Schürfwunden saßen, in Fetzen und Wolfsfelle gehüllt, Luise und Mathilde. In ihren Augen war kein Glanz, in ihren Wangen kein Blut, in ihren Körpern kein bisschen Kraft mehr. Das Haar hing ihnen lang und wirr um die Köpfe. Francis und Käthe folgten. Sie stolperten weiter, erschöpft von Hunger und Anstrengung. Ihre Gesichter waren grau und hohl. Francis trieb Käthe mit schwacher, heiserer Stimme an. Sie hörte es nicht einmal.

Die Kinder krochen den Hang hinunter, sie strauchelten, fielen, standen wieder auf, schleppten sich weiter, hustend und keuchend. Francis' Atem pfiff. Noch immer hatte John Mühe sie vorwärts zu treiben – mit dem Ziel vor Augen wären sie am liebsten liegen geblieben. Er musste warten, anspornen, grob sein . . .

Und endlich, endlich, in einem Schweigen, das erschütternder war als das lauteste Geschrei, standen sie unten im Tal vor der Tür von Doktor Whitmans Blockhaus.

John stieß mit dem Knie gegen die Tür. Eine junge Frau trat heraus. John sah sie an. Sie erblickte die kleinen Spukgestalten, die abgezehrten Kindergesichter, die Kuh – das Spottbild einer Kuh. Die Frau stieß einen Schrei aus.

Die Kinder schwiegen noch immer, sie brachten kein Wort heraus. John machte eine schwache Bewegung mit den Armen. Narzissa Whitman nahm ihm das Bündelchen ab. Sie forderte ihn auf ihr zu folgen. Er trat ins Haus, Käthe und Francis gingen hinterher.

Sie kamen in eine große Küche. Dort stand ein riesiger gemauerter Herd und es roch köstlich nach Fleisch, das mit Salz gebraten wurde.

Drinnen saß ein bärtiger Mann, gekleidet wie ein Trapper, mit einer Wollmütze auf dem Kopf. Seine Augen starrten ungläubig unter struppigen Brauen hervor. Er sprach kein Wort. Sein Blick wanderte von einem Kind zum anderen, verweilte etwas länger bei John und ging dann zu Narzissa, seiner Frau. Ihr einziges Kind, ein Junge, war vor zwei Jahren im Fluss ertrunken. Sie hatte die Kleine auf den Tisch gelegt. Hastig schlug sie das Fell und die Lumpen auseinander. Doch als sie sah, was unter den schmutzstarrenden Lumpen lag, fuhr sie zurück. Fassungslos betrachtete sie Indepentia. Doktor Whitman folgte ihrem Blick. Seine Augen wurden ganz schmal. In der Küche herrschte atemlose Stille.

Johns Spannung wuchs ins Unerträgliche. Seine Augen flehten um Antwort auf seine unausgesprochene Frage.

»Vielleicht ist noch ein bisschen Leben in ihr«, war alles, was Marcus Whitman sagen konnte.

Narzissa Whitman trug das elende Würmchen ins Schlafzimmer. Der Doktor wollte die anderen zu einem Waschraum in einem Nebengebäude der Missionsstation bringen. Aber John weigerte sich mitzugehen. Er wies mit dem Kopf auf die Tür, durch die Frau Whitman verschwunden war.

»Mein Junge, du kannst doch nichts helfen«, sagte Doktor Whitman.

John sprach noch immer nicht. Störrisch blickte er auf die Tür. Plötzlich erinnerte er sich: Luise und Mathilde! Sie waren noch draußen.

Er winkte dem Doktor. Whitman folgte dem seltsamen Jungen nach draußen. Zwei Mädchen saßen auf einer Kuh. Er hob zuerst die kleine Mathilde herunter. Dann nahm er Luise und trug sie ins Haus. Er legte sie auf eine Decke auf dem Küchenfußboden. Das gebrochene Bein sah übel aus.

Doktor Whitman gab jedem Kind einen Becher Milch. Aber John war nicht mehr da. Er war durch die offenen Türen ins Schlafzimmer gegangen und stand nun neben Narzissa Whitman. Er sah zu, wie sie Independentia mit warmem Öl einrieb und sie behutsam in saubere Wolltücher hüllte. Doch noch immer gab das Kind kein Lebenszeichen. Narzissa Whitman hielt ihr einen Spiegel vor den kleinen Mund. Beschlug das Glas? Sie zweifelte, rieb den Spiegel am Ärmel, versuchte es noch einmal, zweifelte wieder.

Vorsichtig goss sie ein paar Tropfen verdünnte warme Milch zwischen die blassen Lippen. John hielt den Atem an. Er schwankte. Es war, als wolle er Independentia durch seinen Blick Leben einflößen. Endlich machte die kleine Kehle eine Bewegung als schlucke sie. Dann wimmerte das Kind leise, ganz leise. Als John das hörte, fiel er auf die Knie, umschlang Narzissas Röcke mit den Armen und brach in Schluchzen aus.

Narzissa ließ ihn gewähren. Sie streichelte seinen Kopf. Sie war tief bewegt.

Endlich stand John auf. Er sah die Frau nicht an. Wortlos stolperte er aus dem Zimmer.

Doktor Whitman hatte sich inzwischen um die anderen gekümmert. Er hatte Luise Mut zugesprochen und ihr gebrochenes Bein versorgt. Er hatte die Kinder gewaschen und ihnen frische Kleider gegeben, so dass sie wieder menschlich aussahen. Nun saßen sie in der Küche am Tisch und aßen wie die Wölfe.

Die ganze Nacht wachte Narzissa Whitman, den Säugling im Schoß. Schultern und Rücken taten ihr weh, ihre Augen brannten. Aber sie sammelte all ihre Kraft um dieses Kind am Leben zu erhalten.

Zu ihren Füßen schlief John auf einem Fell. Auch er war gewaschen und steckte in sauberen Kleidern. Doktor Whitman lag auf einem Feldbett daneben, die Hände unter dem Kopf, mit offenen Augen. Er brauchte John nicht zu sehen um seine Anwesenheit ständig zu spüren. Von diesem Jungen strahlte eine solche Kraft, ein so starker Wille aus, wie er es noch nie erlebt hatte. Zuerst hatte ihm der Junge kühle Bewunderung abgenötigt durch eine Leistung, die fast unglaublich war. Ein Tyrann, ein Gewaltmensch musste dieser John Sager sein – das war sein erster Eindruck gewesen. Und jetzt?

Doktor Whitman lächelte im Dunkeln. Bevor sie schlafen gegangen waren, war John zu ihm gekommen. Er fühlte noch den Kopf des Jungen an seiner Schulter. »Nehmen Sie mir diese Last ab«, hatte John geschluchzt. »Ich kann nicht mehr, ich kann nicht mehr. Sie haben mich nicht mehr lieb. Sie haben nicht begreifen können, dass ich so hart zu ihnen sein musste. Und ich hab sie doch so lieb . . . Ich hab sie vorwärts getrieben, ich hab sie geschlagen . . . Und jetzt sind wir hier und sie haben mich nicht mehr lieb! Bitte, wollen Sie unser Vater werden? Ich kann nicht mehr. Wollen Sie, bitte?«

Doktor Whitman hatte ihm den Rücken geklopft und ihm beruhigend zugesprochen. Doch das hatte nicht genügt. John hatte seine Frage wiederholt, dringend, flehend, mit forschenden Augen.

»Wollen Sie unser Vater sein? Ich möchte mit den Geschwistern ... ich möchte wieder mit ihnen – spielen.« Das Letzte war ganz leise herausgekommen. Wie ein Geständnis. Es hatte Doktor Whitman mehr gerührt als alles andere. Dieser Junge hatte etwas Übermenschliches vollbracht, kaum ein Mann konnte es ihm nachmachen. Aber er hatte unter der viel zu schweren Aufgabe und der Verantwortung gelitten – und jetzt sehnte er sich danach zu spielen ... mit seinen Schwestern und seinem Bruder und dem Säugling.

Wie hieß das Kind doch nur? Indepentia – Unabhängigkeit! War es nicht zum Lachen und zum Weinen?

Sieben Kinder bei sich aufzunehmen, sieben Mäuler zu stopfen, das war keine Kleinigkeit. Sieben Kinder und einen Wolfshund und eine Kuh. Und was für eine Kuh! Das seltsamste Rindvieh, dem er im Leben begegnet war. Im warmen, geschützten Stall, bei den anderen Kühen und ohne die Kinder hatte sich Anna entschieden nicht heimisch gefühlt. Aber er konnte sie doch nicht an den Tisch bitten!

Wenn seine Frau nur nicht so elend wäre! Das Leben hier in der Einsamkeit setzte ihr furchtbar zu. Und doch hatte dieses Land Zukunft. Es würde bevölkert werden, in späteren Zeiten würden hier Farmen und Dörfer und vielleicht sogar Städte entstehen. Und dazu brauchte man Männer und Frauen, die aus dem Holz der Sager-Kinder geschnitzt waren.

»Ich glaube, sie kommt durch«, flüsterte Narzissa. »Sie atmet jetzt regelmäßig.«

»Es ist ein Wunder«, sagte der Missionsarzt leise. »All das ist ein Gotteswunder. Sollte es nicht auch für uns eine Bedeutung haben, Narzissa?«

»O Marcus«, antwortete seine Frau mit einem leisen Seufzer, »o Marcus, könnten wir die Kinder nicht alle hier behalten?«

Er lachte leise und brummte etwas, was Narzissa nicht verstand. Aber da spürte sie den warmen Druck seiner Hand und wusste die Antwort.

Am nächsten Morgen beim Frühstück in der großen Küche teilte es Doktor Whitman den Kindern mit. Er sagte kurz und bündig: »John hat mich gebeten euer Vater zu sein. Von jetzt an ist dies euer Elternhaus. Betrachtet mich als euren Vater und meine Frau als eure Mutter. Gott segne unseren Bund. Amen.«

Am dritten Sonntag nach ihrer Ankunft wurde Indepentia endlich getauft. John hielt sie stolz und mit strahlendem Gesicht über die Taufe. Etwa fünfzig zum Christentum bekehrte Indianer – Männer, Frauen und Kinder – wohnten dem Gottesdienst bei.

Als John mit dem kleinen Kind im Arm das Blockhaus, das als Kirche diente, verließ, schweifte sein Blick zu den schneebedeckten Gipfeln der Blauen Berge empor.

Dann beugte er das Gesicht tief über Indepentia und flüsterte: »Wie bist du denn hierher gekommen, du kleines mageres Ding? Eigentlich begreife ich es nicht mehr.«

Aber hinter sich hörte er Käthe großspurig sagen: »Schau nur, diesen Hang sind wir heruntergerutscht.« Und kurz darauf, mehr zu sich selbst, mit einem befriedigten Seufzer: »Gott sei Dank, jetzt ist das Kind endlich getauft!«

Schwarze Stadt
und weißer Ritter

Antonia Michaelis
**Jenseits der
Finsterbach-Brücke**
352 Seiten · Ab 10 Jahren
ISBN 978-3-7891-4281-9

Eines Tages findet Lasse ein Loch in der Mauer, die den Norderwald umgibt, und entdeckt auf der anderen Seite des Finsterbachs eine unbekannte, schwarze Welt. Dort trifft er Joern. Bald stoßen die Jungen auf ein dunkles Geheimnis aus Lasses Vergangenheit – und rätseln, welche Rolle der seltsame weiße Ritter spielt ...

Oetinger

*Weitere Informationen unter: **www.oetinger.de***